思辨與判斷力的再進化！
東大權威經濟學教授教你突破思考盲點，
用賽局理論識讀人性、贏得競爭

Matsui Akihiko
松井彰彦
卓惠娟──譯

看穿對手底牌的
賽局之眼

高校生からのゲーム理論

The Eye of Game Theory

目錄

第三章

市場篇

第四章

社會篇

141

第五章

未來篇

序章　戀愛也是一種賽局

幾年前，我回到久違的本鄉校園，熟悉的感覺幾乎與往日一模一樣。我和學生一起踢足球、共酒暢聊，不乏談論戀愛話題與失戀的煩惱。只不過，這次我完全扮演聆聽的角色。

語調帶有明顯關西腔的男學生說：

「我現在和某個女生在交往唷。」

「嗯，什麼時候開始的？」我詢問回應。

「大約在一年前開始交往，不過……」

「不過？」

「她是我高中時的同學。」

「原來如此。就像是死灰復燃的戀情嗎？」

「嗯，可以這麼說。」

「她也在東京嗎？」

「不是，在老家那邊。」

「啊，那就是遠距離戀愛囉？」（遠距離戀愛很難長久持續下去啊。）

他彷彿看穿我的心思，立即說道，

「就是說啊，而且她似乎希望我能盡早出社會工作，這也造成我的一些壓力，因為我想繼續攻讀研究所。」

「不過，也可以結婚後再讀研究所，讓另一半負責養家，只要不在意社會上的眼光，就能專注在研究上，比較輕鬆唷。」

「我跟老師怎麼能相提並論呢！」

另一名女學生，交往對象是和比自己年長的上班族，她說：

「最近他好像很忙，我們很難見上一面。」

「大約多久見一次面？」

「他連週末都很忙，已經有兩、三個月了吧？我發了簡訊給他『工作辛苦了，加油喔！』，他只回我『3Q♪』。」

（這應該是沒戲唱了吧。）

「啊，老師剛剛在心裡偷笑對吧？」

「（被識破了嗎!?）沒這回事，那他從事哪方面的工作呢？」

於是我們繼續著聊不完的戀愛話題。

還有一個學生正在追求剛失戀的女生。另一個學生因為過度呵護對方，反而把對方嚇跑了。這就是孫子兵法說的——「不知彼不知己，每戰必殆」。

戀愛很難隨心所欲。要是研究賽局理論就能在情場春風得意，聖誕節就不會有那麼多學生殺到我家了（謝謝這些來我家的同學，但我以為能來的人會更少一點）。要是我知道有這麼一門魔法學，連我都想研究。但是，為什麼戀愛這麼難？有時甚至比做學問更難？這部分的主題，我或許可以談一些個人見解。就如俗話說：

「女人的心就像秋季的天空變化莫測。」

因此，我們就來比較一下戀愛與學問吧！兩者都是難度很高的範疇。比方說，以氣象學為例，這門學問在科學技術及觀測地點方面，與過去相較之下，有了大幅度的改善。然而，最關鍵的天氣預報，其準確度仍然沒什麼提升。長期天氣預報方面更是令人絕望，幾乎可說是「提明年的事，連鬼都會笑[1]」，可見預測真的很困難。

但學問研究確實是在「進步」，雖然只是一點一點的進步，解讀氣象現象的準確度的確逐漸上升，比方說，「到了一九九五年，預測未來三日氣壓型態的數值預報，與一九八八年以前預測未來兩日的氣壓數值相比，兩者的準確度是相同的。」「氣象預報之所以能經常準確，是因為各個不同領域持續努力的成果。首先，分析大氣層所發生的各種現象之氣象學進步很大，氣象衛星、雷達、AMeDAS（自動氣象數據採集系統，Automated Meteorological Data Acquisition System）等觀測數據極為完備。不過，最重要的（中略）是數值預報的進步產生極大的貢獻。」〔引自《氣象學的夥伴》（気象学のみかた）〕。向來被眾人認為不準確的天氣預報，確實在進步當中。

那麼，戀愛的情況又如何呢？與分析天氣相同，談戀愛時最重要的是解讀對方的心理。對方對我有什麼樣的想法？是不是真的了解我，才向我邀約？還是，單純只是想和某個人談戀愛？又或是抱著玩玩的心態呢？越是喜歡對方，越是坐立不安。那麼，我們和過去相比，解讀他人心理的準確度上升了嗎？或是談戀愛

1 日本諺語，延伸意指未來的事難以預料，就算現在高談闊論也沒用。

的能力變得更厲害了呢？

解讀對方？可能有人會說「戀愛是講求緣分的」。也或許有人主張，戀愛是荷爾蒙作用和「戀愛基因」的排列組合而決定。根據遺傳學家山元大輔在著作《戀愛基因》（恋愛遺伝子）上所說，隨著DNA分析技術的進步，配偶及DNA之間的關係逐漸變得更清楚。當然，我不否認緣分與彼此個性合適的重要性。但是，暫且不論小學初戀的兩小無猜，多數的人想到高中或大學時的戀愛沒修成正果的事實，就不得不面對學習如何談戀愛的重要性。

在民俗學的研究領域，同樣也針對戀愛結婚這個主題進行了廣泛的研究。很早以前人們就了解，戀愛並不是單純以一句緣分就能解釋清楚。柳田國男曾經說了以下的話：

「戀愛若是像崔斯坦和伊索德[2]那樣，在還未出生便是命中註定的戀人，就不足以構成任何問題，但如果像一般男女談戀愛時，難免受各自的心思左右，就得按照某種法則來進行學習戀愛，才是上策。

這若是沒有顧及人性，而只是流於理論，就算實際運用也可能導致失敗。但畢竟是把實例訴諸文字，或是以言語也難以描述的表情研究，一次次地進行實際解說，是難能可貴的經驗累積。」

——柳田國男《明治大正史　世相篇》第八章〈戀愛技術的消長〉

在〈戀愛教育的舊時組織〉這一節，柳田國男描寫青年組、少女組等村子裡的男女集會，在磨練戀愛技術上有其重要的評論項目。他寫道，「基本項目包括，相貌姣好、身體健康、應對得宜、適度的善解人意」，不論男女都是必須憑藉「能力的加總得分」來決定勝負。自古時，人們就開始實踐「在談戀愛時猜測

2 崔斯坦受叔父馬克國王所託，奉命前往護送公主伊索德與馬克國王成婚。兩人卻在過程中無意間飲下春藥，因而譜出一場悽美愛情。

彼此心思」，仔細一想，這也沒什麼可大驚小怪。

然而，預測天氣和揣度戀愛對象，兩者之間卻有一個很大的差異，相對於天氣是自己單方面去揣測「對象」，戀愛則是當你在揣測對方心思的同時，對方也在揣測你。或許有人會說：「既然對方想揣測我，我就連這個部分也考慮進去再去揣測，不就好了？」然而，對方或許也企圖揣測這樣的你——也就是意圖去揣測「正在揣測對方」的你。說到這裡，想必聰明的讀者已經明白了，沒錯，彼此想忖度對方的行為，到頭來就是形成一個相互纏繞、永無止境的循環。

話雖如此，若不去理解對方在想什麼，就算彼此的DNA再怎麼相配，戀愛也無法成功。過於無微不至呵護對方而把人嚇跑的情況，就是典型「眼中只看見自己」的例子吧？只要有利於對方，對方就應該不會嫌棄，奉獻的一方因為這麼想而極力付出，然而有時接受奉獻的一方卻感到自己彷彿籠中鳥。就好比下圍棋要正確計算，不能「一廂情願」的思考——自以為自己走哪一步棋，對方必然會如你預期的下一步走。圍棋計算錯誤只是輸一盤棋，若在談戀愛時犯了一廂情願

分析天氣
喔，明天會下雨吧？
單行道
分析女性心理
沉——默
我是不是說了什麼不該說的話？
說句什麼吧？
他對我究竟是什麼想法呢？
雙方產生誤解

的錯誤，甚至會傷害了對方。

無法理解對方心意的例子，就像以表面字義來解讀對方回應你「我很忙」。「很忙」說得更完整一點，就是「有比和你見面更重要的事」。時間是找出來的，如果真的把你看得很重要，就會排出時間與你見面。又不是南極探險隊員，難道兩、三個月都找不出時間？還是只對情人「忙得抽不出空見面」？不過話說回來，戀愛這碼事因人而異，在這裡我也不要一竿子打翻一船人。

說起來，日文中有句成語「岡目八目」，此典故來自圍棋，「八目」指的是可以看出之後的八步要怎麼走。在攻心為上的圍棋比賽中，如果能比對方多讀出八步，就勝負在握。所謂的「岡目」，也就是站在旁觀者的立場看戰況，旁觀者能更從容地看清楚許多事情，因而有了這句成語。

以圍棋來比喻男女間的情感，再也沒有比這句成語更貼切的。站在第三者的立場觀望已成定局的無緣戀情，深陷其中的當事人卻以為還處在進行式。不，或許是無法自拔，所以自欺欺人。旁人也難以開口說：「這已經沒希望了」。要是不識趣的提出忠告，搞不好還會招來朋友懷疑。腦袋雖然理解，但情感上卻抗拒看清情勢，也是人之常情。

從上空俯瞰觀察戰況，保持距離來解讀人際關係十分重要。困難的是遇到戀愛的情況，打算保持距離客觀分析狀況時，身為當事人的熱情就會降溫，一不小心，很可能一回過神來，自己已在情場失意。因為戀愛及結婚都需要保有適度的狂熱及熱情。

身為當局者，既要保持距離客觀看待事情，同時內心又要保持熱情。或許有人會覺得，這又不是靈魂出竅，哪能輕易做得到？但這種類似靈魂出竅的技巧，不僅適用於戀愛，也是我們應該學習的社會科學。知名經濟學家馬歇爾（Alfred Marshall）曾說過：「內心熱情，頭腦冷靜。」因為打算當一個旁觀者，卻導致內心的熱情冷卻，憤憤不平於社會的弊端，一旦忘了自我就會誤解了社會問題的本質。是的，社會科學中有著和戀愛同等難度的本質，因此透過戀愛而學習的經驗，對於社會科學的研究也有助益。

反過來說也成立。精熟賽局理論的話，也能成就戀愛（雖說我無法保證百分之百）。互不讓步的情況下，沒退縮者為勝的膽小鬼賽局（Chicken game，又稱懦夫賽局）；彼此的最佳對策卻帶來最糟結果的囚犯困境（Prisoner's Dilemma）；自斷退路而帶來有利結果的背水一戰等。本書希望能協助你進入千變萬化的賽局理論世界。

閱讀順序隨你自由選擇。對於賽局理論稍有概念的人可以跳過第一章，完全沒有概念的人讀完第一章後，其他章節可以隨個人喜好跳過。有關第二章以後的內容，對歷史感興趣者可以閱讀第二章；想了解賽局理論如何運用在經濟上的人，建議先翻閱第三章；想了解賽局與社會之間關聯性的人，不妨從第四章開始；對於哲學議論有興趣的人，則可以把第五章當作你的首選。我很希望，讀者都能在喜歡的主題獲得賽局的樂趣。閱讀時也希望你能記得，賽局理論的第一原則——當你置身賽局中，在作為賽局玩家的情況下，培養從客觀角度綜觀全局的能力，若你能將此銘記在心裡的某個角落，將是我莫大的光榮。

當事人拉開距離客觀看待事件，
但內心也需保持熱情。

第一章

策略篇

1

開始的第一步

突破思考盲點，找到奈許均衡

人無法獨自一人活下去。人必須依賴在朋友、同事、情侶、交易對象等形形色色的人際關係上，才得以穩定生活。不論是什麼樣的關係，在人與人見面時揣測他人想法的重要性——包括適度考量對方的立場或心情狀態等，相信不需要我多費唇舌。

這種分析人際關係的學問稱為賽局理論。在二十世紀前半，數學家馮．諾伊曼（John von Neumann）試圖將人與人之間的關係分析建構成科學。然而，像戀愛這麼複雜詭譎的人際關係並無法輕易分析，因此剛開始的分析，是類似猜拳這樣的勝負遊戲。

表1-1是把猜拳遊戲以戰略型賽局的格式表現。各欄左側是阿健的得分，右側則是詠子的得分，這個得分狀況在賽局理論中稱為**利得**（gain）。在猜拳當中，不論哪一欄，兩者的利得加總的結果一定是零。加總（sum）後為零，所以稱為「**零和賽局**」（zero-sum game）。這種「打倒對方，自己就得分」的狀況和拔河相同，所以解釋起來很容易明白。從簡單易懂的狀況開始分析，這就是他的方針。

☆☆☆

但是，我們打算要分析的現實更加複雜，比方說做生意時的交涉問題。當事人為了該選擇態度強硬還是應該妥協，而煩惱不已。這與零和賽局不同，並不是只要打倒對方就好。雖然彼此內心都希望能像拔河般，一鼓作氣把對方拉過來，

表 1-1　猜拳遊戲以戰略型賽局表現

但在兩方之間的交涉上並沒有牢靠的繩索，而是猶如脆弱易斷的細繩，要是雙方都卯足全力蠻幹，把繩子拉斷導致交涉決裂，結果很可能會賠了夫人又折兵，所以交易上需要競爭與合作之間的分寸拿捏。

看看表1-2的「**膽小鬼賽局**」，與零和賽局不同，膽小鬼賽局各欄的兩者利得加總也不會變成零。在這個賽局中，對方要是採取強硬態度，此時你面臨不得不妥協的情況，一旦你也採取強硬態度，利得變為0；若是對方強硬，而你選擇妥協的情況，則是利得1分。相反的，要是由你自己威脅要蠻幹，而對方也有可能表示妥協。換言之，看誰向對方妥協，誰就是膽小鬼。

結果，膽小鬼賽局當中有兩個穩定的點，一個是A採取強硬，B採取妥協；另一個點則相反，是A妥協，而B強硬。不論是哪個狀況，「只要自己改變策略就會造成損失的情況」在此得到穩定。比方說在（強硬，妥協）狀態中，A的利得為3，B的利得為1，但A決定由強硬變為妥協時，利得由3降到2，如果B決定從妥協改變為強硬時，利得從1降為0。因此，彼此都取得最優策略。

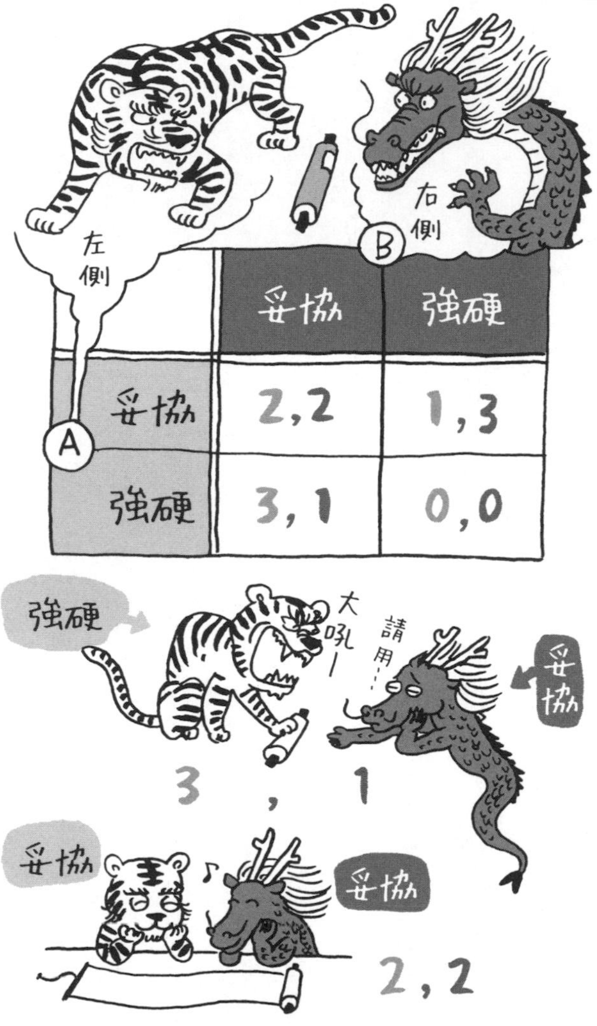

	毋協	強硬
毋協	2,2	1,3
強硬	3,1	0,0

表 1-2　膽小鬼賽局

如果在某個情況下，沒有任何玩家能透過單獨行動而提高利得，就這個意義來看，就是達到穩定。在賽局理論中，像這樣的穩定策略組合，稱為「**奈許均衡**」（Nash equilibrium），這是以提出者名字約翰．奈許（John Mash）所命名的理論。本書單純論述「均衡」時，指的就是奈許均衡。

企業之間的關係，也有類似這種彼此處於拔河的局面。現實生活中的企業，必須一邊了解競爭對手的動向一邊採取行動，並在「市場」積極作用，這時常會出現和表1-2同樣的狀況，結果是永無止境的競爭，也就是拔河拉鋸戰形成的過度競爭或消耗戰，導致經濟效率惡化。

生物學上也常用類似表1-2來說明獵捕食物的爭奪。動物社會和人類社會一樣，也有退讓型及強奪型。因此在動物界中，有時可以看到牠們形成的順位默契，退讓給居上位者，對居下位者則強取豪奪。居下位者若是想推翻這樣的順位，停止妥協就會演變成爭奪。要改變既定形成的順位，需要付出更多努力。因此，我就算當上大學教授了，去參加足球社的畢業同學會時，學長拍我的頭說：

「你這小子現在很行嘛！」我也只是笑笑的不敢反駁。

☆☆☆

分析東西方冷戰時常使用的賽局理論是「**囚犯困境**」（Prisoner's Dilemma）。表1-3就是典型的囚犯困境。想像一下，兩個共犯各在不同的房間接受警察訊問的狀況。如果兩人保持緘默（合作），就可以因證據不足而暫緩起訴。但是，萬一對方招供（背叛），自己就會被當作主謀。對自己來說，最佳狀況就是只有自己招供，而對方保持緘默；其次是兩人都保持緘默；第三是兩人都招供；最差狀況就是自己保持緘默，對方卻招供。依照這個順序製作的利得，就是表1-3。這時候，開始疑神疑鬼的囚犯，就會傾向招供。希望你能仔細看清楚囚犯困境和膽小鬼賽局的差異。剛剛提的膽小鬼賽局是當對方「強硬」時，自己選擇「妥協」較為有利。但是，囚犯困境的情況，則是當對方「合作」，又或是對方「背叛」，自己選擇「背叛」都會比較有利。

我們可以把囚犯代換成國家，以「合作是軍事縮減，背叛是軍事擴充」來解讀東西方冷戰的談判。或是把囚犯替換成寡占企業，用「合作是高價，背叛是低價」來解讀，就能分析公共工程競標的協商問題。

財政議題同樣也是直接面對囚犯困境狀況。因應國民要求而開始的新興事業及既存事業的擴充，財政支出勢必增加，但是，既存事業的縮編或廢止等支出減少，並不會有太多人關心，政府各部會都朝往爭取預算的方向運作。因為其他人都在爭取，若是自己不爭取就吃虧了。

如果以為這個爭奪戰只是單純權益之爭，就對問題解讀錯誤了。年金、福利問題、教育、治安、國防、交通、環境，每一項都是重要的問題，但是，如果政府對所有預算提案都要全盤接受，國家財政絕對會破產。

不是各個領域的負責人都一定得爭奪這個權益，有些是需要錢解決人們老年退休的問題；有的是需要人力解決治安惡化的問題；然而，其他部會要求預算

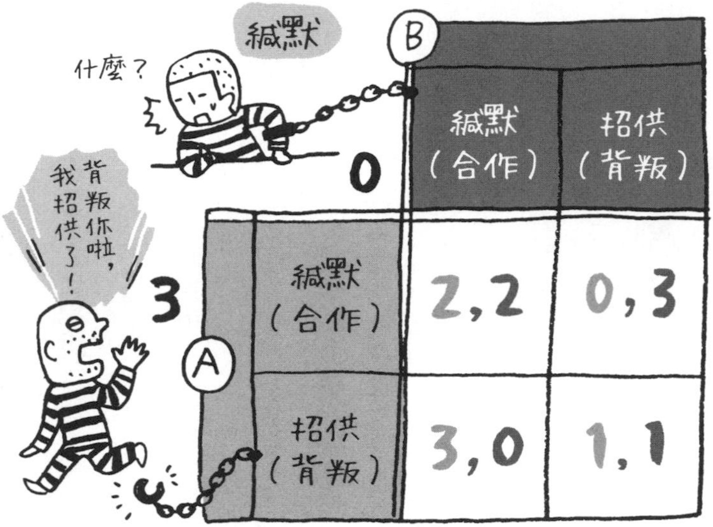

表 1-3　囚犯困境

時，如果自己沒要求，預算則會被刪減，必要的運作就無法進行。由於事先預想測到會以財政赤字為理由被削減預算，所以就提出大於預估的預算。完全就和囚犯困境出現的狀況相同。

可能有人會認為，「如果是必要的政策，就算舉債都應該要做，國家有別於個人，幾乎不用擔心消失的問題，所以就算一直舉債也沒關係。」既然如此，我們不妨從賽局理論的角度來試著分析這個論點。

☆☆☆

曾經有個好賭的圍棋高手，因為禁不起有心人對他說「要多少錢都可以借你喔」的謊言誘惑，所以就借了好幾億日圓。這已經不是借高利貸就能解決的償還額度，連豪宅也拿去抵押了。如果是一般上班族早就宣告破產了，但是且慢，這可是天下少見的高手棋士，只要贏了棋就可以還清借款，於是又有想沾好處的高利貸送上門來。

換作是上班族，高利貸絕對不可能借出的金額，照樣出借給圍棋高手，就是因為可以看到款項回收的希望。即使高達八百兆的國債也賣得出去，換作是私人企業負擔絕對會導致倒閉的債務，政府扛著也沒事。但這並不是因為政府的信用無限大，而是必須歸結於還款能力的程度問題。借給厲害的圍棋高手一億還可以，但十億就不借了。能賺四十兆的政府究竟能舉債到什麼程度，對於這個看法雖然各界意見分歧，但可以確定的是絕對不會是無上限。

在借款限度的討論上，就政府的情況來說，心理面的問題更甚於物理面的問題。以這一點而言，巨額借款和泡沫經濟具有類似的性質。當大家都購買國債的期間就不會有問題，相反的，當大家都不買國債，國家無法再償還借款，就會導致債務不履行，這時候若是只有自己買國債，就會造成極大的損失。

表 1-4 將這種投資人之間的策略關係簡化成表，這個賽局稱為**協調賽局**

表 1-4　協調賽局

（coordination games），有兩個穩定的「解[1]」，就是大家都購買國債，以及大家都不要購買國債的狀態。當大家都認為國債安全而購入時是很好的，但大家都認為國債很危險時，則會陷入債務不履行的困境。

這就是財政部的困境，財政部必須訴求財政危機，藉以平息人們或政治家的預算要求聲浪，以抑制政府支出，但另一方面仍必須讓投資者信任財政危機並沒有惡化到導致債務不履行。

當人們都認為已經沒希望了，國債破產就會突然而至。為了避免在新聞頭版看見「國債大暴跌」的標題出現，財政重整勢在必行。

1 賽局理論中所討論的解（solution），指的是分配資源或利益的方法。

2

PK賽要踢往不擅長的方向

遇到零破綻的德國傳奇門將，怎麼辦？

二〇〇六年世界盃足球賽，德國半準決賽是由德國對阿根廷。這個比賽成就了一位國民英雄選手，那就是德國的門將萊曼（Jens Lehmann），當正規比賽時間以同分結束，在延長的PK戰[2]中，他成功地撲救了兩球。這個神乎其技的表現背後，是團隊投入大量精神的研究。

德國代表隊經理比爾霍夫（Oliver Bierhoff）在賽後隔天的記者會上表示，「我們事前就知道對手PK射門的順序及方向」。德國的「諜報部隊」蒐集了過去兩年期間的PK情報，並事先給德國的門將看過。結果，面對阿根廷選手踢出的四球，門將萊曼都朝正確的方向阻擋，成功擋下關鍵的其中兩球。相反的，阿根廷的門將弗朗戈（Leo Franco）四球則有三球都朝反方向撲救。

站在阿根廷隊的立場，或許可以說沒發現對方做了研究以致落敗。然而，即使知道對方做了研究，又該如何在ＰＫ戰決定怎麼踢呢？尤其，就算是頂尖的職業選手，畢竟也只是有血有肉的人，總有擅長與不擅長的事，如果一味往擅長的方向踢，由於對手已對球員的踢球慣性瞭若指掌，被阻擋下來的可能性大增，那麼，在ＰＫ對抗時一定要往平時不擅長的相反側踢，若是運用賽局理論來分析，就會發現出乎意料的事實。那麼，究竟是什麼樣的發現呢？我們不妨依序來看看。

---

2 ＰＫ戰（Penalty shoot-out），互射十二碼。足球比賽決定勝負的競技模式，雙方各派五名球員互射十二碼球，進球數較多的一方獲勝。若前五輪仍不分勝負，就會進入「一對一生死戰」，只要一隊成功射門而另一隊失誤，比賽就結束。

☆☆☆

ＰＫ是從十二碼點（罰球點）到球門的距離，門將如果等球被踢出後才反應，基本上不可能來得及，因此，門將有必要在球踢出之前，就先決定撲救方向，射門者也必須決定好是要往左側或右側踢。這麼一來，便很類似猜拳的情況。

看看表1-5這個賽局的情況，如果射門者每次都往左邊，察覺這一點的門將就會都往左撲救，使得射門成功率減半。想要提高成功率，就不能讓對方料中，所以射門者和門將都以各半的機率選左或右，是最佳方法。如果偏向某一側，就會和猜拳一樣，只要被對方料中就較為不利。順便一提，這個情況下的ＰＫ成功率是3/4。相對的，ＰＫ阻止率是1/4。當攻守組合是（左、左）或（右、右）時，守門撲往同方向的機率是1/2，成功率為1/2；如果攻守組合是（左、右）或（右、左），守門撲往反方向的機率是1/2，成功率為1，所以

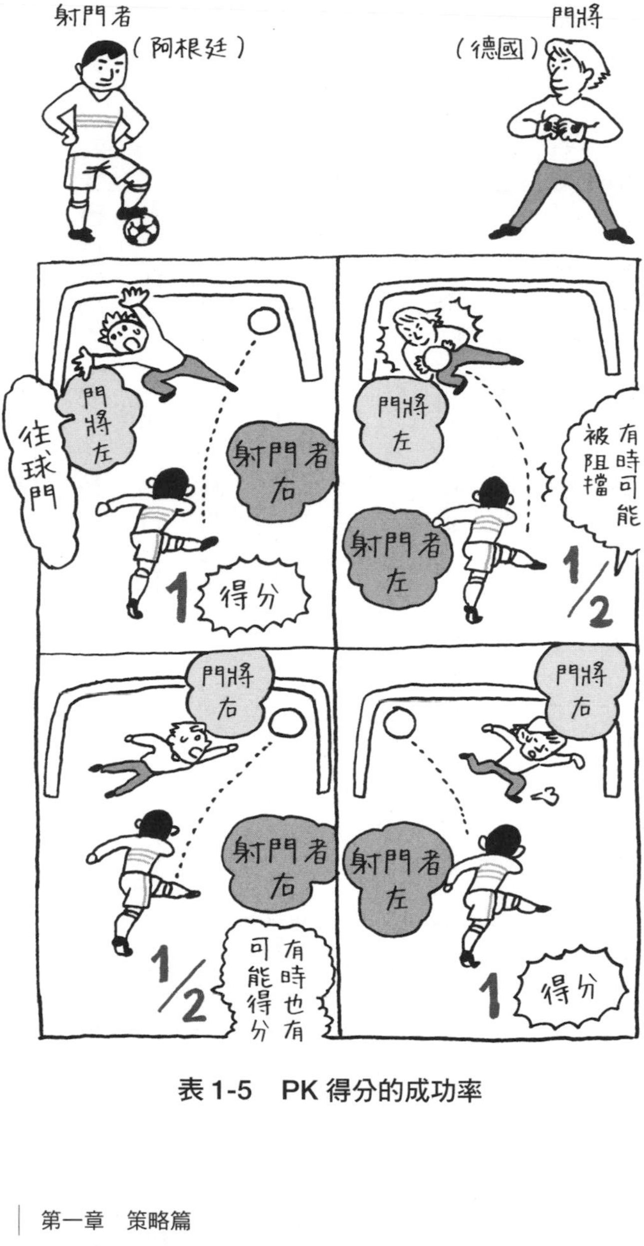

表 1-5　PK 得分的成功率

得出成功率是（1/2×1/2＋1/2×1）＝3/4。

但實際上，不論是踢十二碼的射門者，或是阻擋的門將都不是機器人，所以當然免不了有較擅長射門的方向，或較擅長撲救的方向。這裡先假設，門將沒有擅長不擅長的問題，而射門者比較擅長往左踢，因此若往左踢球就能飛往門柱，相反的，若往右踢，球就會有飛出門柱外的可能性。假設門將撲往左邊的成功率只有2/3，為了計算更單純，再假設門將只要同方向撲救就能成功阻攔。這麼一來，就可以歸納成表1-6的狀況。

好，接著假設你是阿根廷的選手，你應該選擇多少機率往左踢呢？尤其對方是情報戰強勁的德國，最好要有心理準備，連你的技術和射門機率在內，對方可能都已瞭若指掌，比較保險。如果知道你一向習慣往左射門，對方門將就會往左撲救；知道你習慣往右射門，對方就會往右撲救。

現在，假設對方知道你是以1/2的機率往左踢，想想看德國門將會如何反應？因此，你先試著站在德國門將的角度，如果先往左撲救，1/2的機率是同

表 1-6　PK 的成功機率（不擅長踢往右側的射門者）

一方向，剩下的1/2機率則是遇到對方佯攻。如果以反向佯攻射門，踢往右側，成功率是2/3，所以整體得分的成功率就變成1/3。

相反的，如果門將往右撲救會怎麼樣呢？這時，若是反向佯攻射門的成功率其實是一〇〇%，所以乘以佯攻機率1/2，PK成功率就變成1/2。

因此，站在門將立場，如果想提高阻止射門成功率，往左撲救是最佳策略。因為這時成功機率是1/3。換言之，門將若往左撲救，而你是這名阿根廷選手，就算不擅長你也往右踢，得分成功率就能提高到2/3。

和猜拳相同，要是只踢左側或只踢右側，就會被看穿，因為對方有一半一半的機率仍會往左撲救，所以有必要提高踢往不擅長方向的準確率。

事實上，身為射門者的你，有必要把踢往不擅長方向的機率提高到3/5，這時候德國門將如果往左撲救，五次中有三次是反向佯攻，這時三次中就能有兩次成功，所以就形成五次有兩次成功的比例。相反的，當德國門將往右撲救時，被反向佯攻的五次中只有兩次，但這時能確實射進，所以成功率仍是五次中有兩次進球。

從這個狀況下，如果想稍微多往左踢來增加得分機率，被德國門將看穿而往左撲救，成功進球機率就會下降。反之亦然，即使稍微提高往右踢的準確率，這次對方往右撲救，成功機率還是會下降。計算能力強的人務必試試看。歸納下來，往不擅長的方向踢，可以說五次中三次時成功率最高。

到目前為止，都是以德國擅長情報戰的情況下來分析，但要是阿根廷也能看出德國門將動向時，就無法得出同樣的計算結果。也就是說，當門將動向被看穿時，就能計算出德國門將往左撲救的機率。比照前面的情況，交換立場來計算，德國門將所面臨的情況，在五回中三回，往對手擅長的左側撲救，其餘兩次往對手不擅長的右側撲救，是最佳策略。即使對方以反向佯攻，若是對方不擅長的方向，因為失誤的機率是1－3，所以不需要過度在意。

換言之，即使不擅長，相較於往擅長的左側踢卻被門將預測攔截，當然是踢往對方不會撲救的右側，成功率比較高才是重點。像這樣需要了解對手、將計就計的ＰＫ賽局，洞悉對方的同時，也必須注意不能讓對方看見你手裡的牌。

這樣的策略思考，在選擇ＰＫ的射門者也有必要。如果你是阿根廷的教練，面對兩個球員，一個球員Ａ，他往左踢就能確實踢向門柱，往右踢就會踢到門柱外，以及另一個球員Ｂ不論左右都能有一半機率踢向門柱，你會派哪一個上場呢？假設門將往同一側撲救時就能確實阻擋，要是對手並未進行研究時，只要選Ａ上場讓他往左踢就行了。但當對手是德國隊時，這就行不通了，Ａ上場會因為被門將看穿，而被往左撲救阻擋。相對的，Ｂ上場時德國門將只能以一半的機率賭賭看，四次中應該有一次可以成功射門。

並且，即使射門球員踢往左側時往門柱的機率達八〇％，往右踢則完全不會飛往門柱，若是該射門球員沒被加以研究，德國門將只能以一半的機率去撲救。這時ＰＫ成功率就是四〇％。面對擅長研究的德國對手，阿根廷教練或許還是應該挑選即使有點不擅長也沒關係，較少ＰＫ經驗的選手為佳。

3

公有地悲劇

如果人人都想拿到好處……

一九六〇年代後半，還在上幼稚園的我，在美國感受到非常強烈的原始體驗。那裡的建築物都是中央空調大樓，水龍頭一扭開就有熱水，人不管去什麼地方都以車代步。雖然當時年紀還小，也理解那是很厲害的國家。至於去思考要維持這種舒適生活所需的成本，已經是相當久以後的事了。二〇〇二年時，美國的每年人均能量消耗，亦即人均消耗的等量石油是五．四公噸，日本是二．八公噸，順便一提，歐洲主要國家為三公噸以下，中國為〇．五公噸，印度為〇．二公噸。已開發國家與開發中國家的差距，從美國的突出數據可見一斑。

認為因這項成本（人均能量消耗）而造成地球暖化的見解，相當具說服力，在這一百年間，全球氣溫上升攝氏〇・七度，日本氣溫上升一度，東京氣溫據說上升了三度。根據聯合國政府間氣候變化專門委員會（Intergovernmental Panel on Climate Change，縮寫IPCC）二〇〇七年的報告指出，二十世紀後半觀測到的地球暖化，人為因素引起的溫室效應氣體增加而導致暖化的可能性非常高。地球暖化不僅造成氣溫上升，更因為海平面升高，引起暴潮增加、熱帶低氣壓規模增大、地中海沿岸乾燥化，或瘧疾感染疫情擴大等，全球氣候及人文環境平衡可能因此崩潰。

與IPCC提出的報告同一年，獲頒諾貝爾和平獎的美國前副總統艾爾・高爾（Al Gore），在他的著作《不願面對的真相》（*An Inconvenient Truth*）中，試圖喚醒人們重視環境問題，一時掀起人們的關心注目。但另一方面，艾爾・高爾自家豪宅用電量驚人也招來批評。呼籲大家節能的同時，自己卻大量消耗能源的批判，反撲到曾說過「環境問題不是政治問題，而是道德問題」的高爾身上。

提出已開發國家加速地球暖化的主張後，各國動作仍層出不窮。北極海冰層因地球暖化而融解所衍生的商機，那就是北極海的資源開發。挖掘長久以來沉睡於厚厚的冰層下的北極海底天然資源，各國競相急速開發，幾乎殺紅了眼，結果又造成加速北極海冰層融解的危險。

其中俄羅斯、美國自不在話下，連我們認為民主主義深植、以人們健康福祉為核心考量的北歐各國，他們對資源開發更帶給我們很大的衝擊。即使明知怎麼做才是對整體最好，仍然採取相反的行動，由此可見個人與國家的利己主義。

環境問題的本質存在於第一節的囚犯困境賽局理論。雖然有些重複，再看一次前述所提表1-3。兩個囚犯在不同房間接受警察訊問，要求他們招供。如果兩人都招供，就判有罪，相反的，如果兩人都堅持不吐實情，就只能因證據不足而不起訴，以其他的微罪成案。如果事情就這麼單純，或許除了堅不吐實別無他法。但問題是有可能自己保持緘默時，對方卻招供認罪了，這時候對方招供有可能因此酌量情節而被減輕刑罰，或因認罪協商而無罪釋放，而保持緘默者可能以主嫌被起訴擔起所有刑責。表1-3的利得，就是衡量這種狀況而計算出的數字。

這時，囚犯究竟該採取什麼做法才最有利呢？如果兩個人都堅不吐實，就是（2，2），比兩人都招供的（1，1）能獲得更高利得。但是，問題就在這個「但是」，對方緘默而自己也緘默時，雙方利得為2，但若自己選擇招供，利得就能上升到3。而且，即使在認為對方會招供的情況下，當自己選擇招供時，相較於繼續保持緘默時的利得0，還能多得到1的利得。

兩人只要用腦袋思考，就知道彼此合作都選擇「緘默」，能有較高的利得。但是，傾向保護自我利益的兩人，卻忍不住選擇了招供。

資源開發競爭也是同樣的問題面。把「緘默」和「招供」分別代換成「考量環境，**自制**對資源的開發」，以及「無視對環境的影響，而持續**開發**資源」，囚犯困境的狀況就能完全套用到已開發國家的困境，見表1-7。

有關環境保護的脈絡，生態學家哈丁（Garrett Hardin）曾發表過很有名的「**公有地悲劇**」（Tragedy of the commons）。在牧草繁茂的公有地上，由於人

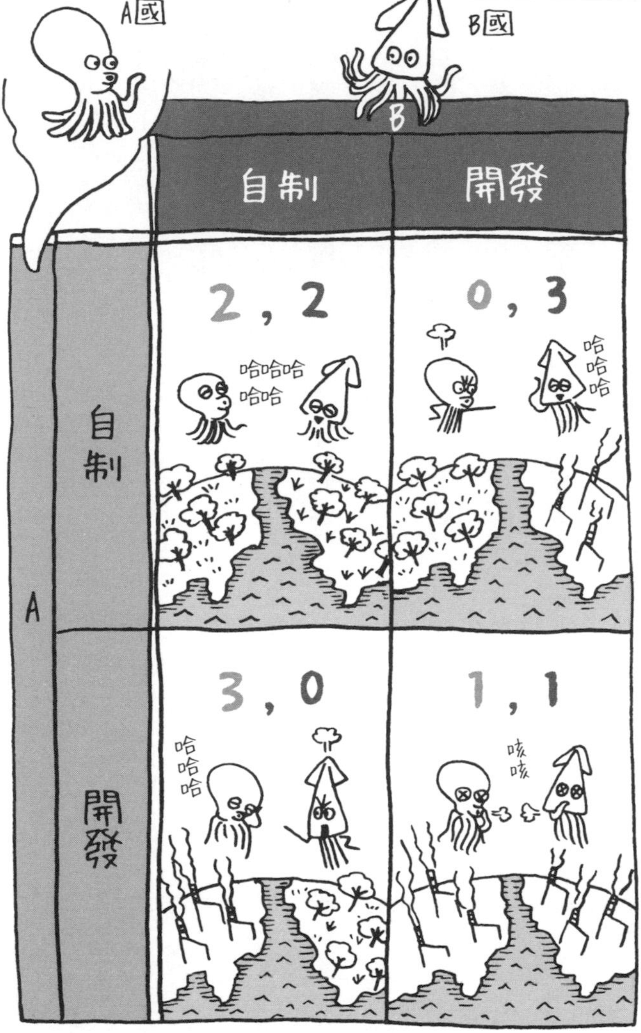

表 1-7　已開發國家在地球暖化議題的囚犯困境

們爭先恐後地紛紛把家畜帶過去放牧，使得牧草被吃光而成了一片荒地。

公有地悲劇的論點遭到批判，批判方認為此論點只成立在任何人都能利用那片土地的情況下，才會發生公有地悲劇，在確立所有權及利用規則的一般公有地上不會發生此等結果。事實上，日本的入會地[3]等區域，對於什麼時間可以採多少數量的草木皆有嚴密的規定。

地球環境這個世界公共財產，若是不好好決定利用規則，就會發生悲劇。因應這樣的危機意識，國際社會為此共同設立討論場合——締約國會議（Conferences of the Parties，簡稱COP），從一九九五年召開第一屆後，經過兩年的時間，在第三屆會議時訂定有關減緩地球暖化的目標，也就是《京都議定書》。然而，這個議定書只限定已開發國家的減排溫室氣體義務，引起美國反彈而宣布退出條約。若彼此都能配合減排溫室氣體，這是所有人的期望，但如果只有自己減排就會吃虧。

在這種充滿爾虞我詐、各種算計的國際社會，在京都議定書以後，始終未形成根本的解決合意，直到現階段，很可惜的，京都議定書只是徒然成為一個極佳的案例，說明要找出一個對策解決囚犯困境有多艱難。

3 入會地，設有入場權的山地、森林、荒野，或漁場等公共領域。

4

塔木德的財產分配

公平，讓所有人的幸福感最大化

大約二千年前傳下來的猶太經典《塔木德》（*Talmud*），以說故事的風格記錄了猶太教的律法、條例和傳統。其中一項關於財產分配的規定相當有意思。

某個男人因為負債而破產，債權人有A、B、C三人，男人分別該償還A一百、B二百、C三百，遺憾的是，男人的資產不到六百，債權人只能放棄部分特定金額。塔木德中舉出幾個例子來說明分配方式，可以歸納成表1-8。

乍看之下，表1-8似乎缺乏規則性，若是現代社會的做法，通常會依照債權人的債權額比例來分配。實際上，資產額三百時，就是這麼分配的。但是當資產額

資產額／債權額	100（債權人A）	200（債權人B）	300（債權人C）
100	33.3	33.3	33.3
200	50	75	75
300	50	100	150

表 1-8　根據塔木德的債權人分配額規則

只剩一百時，竟然無視債權額多寡，而分成三等份的三三・三。尤其，當資產額是二百時，究竟有沒有照著比例規則分配，更是令人一頭霧水。在漫長的兩千年間，猶太的律法學家之間不曾停過對這個財產分配法的議論，據說始終沒發現確切的解決方法。

歷經兩千年，諾貝爾獎得主、也是耶路撒冷希伯來大學教授羅伯特・奧曼（Robert Aumann）與他的同事湯瑪斯・謝林（Thomas Schelling）終於解開了塔木德的財產分配問題之謎，他們發現和賽局理論中的「**核仁解**[4]」相同。這個「核仁解」的概念是同為以色列人的大衛・施邁德勒（David Schmeidler）提倡的解概念。順便一提，施邁德勒是我的指導教授伊扎克・吉爾柏（Itzhak Gilboa）的指導教授，相當於我學問上的祖父，而奧曼則是施邁德勒的指導教授，也可說是我學問之路上的曾祖父。

再進一步說得更詳盡一點，塔木德還有其他規則，依照這個規則，取得「債權額一半」與「取得少於一半債權額」所採取的規則不同。塔木德中寫著「拿到一半等同於拿到全部」。因此，試著想想看以這條規定來做財產分配，首先，當資產額少的時候，三位債權人平均分配資產。但是，一旦某個債權人拿到債權額的一半，在其他債權人分配達債權額五〇％以前，這個債權人暫時不分配。這時，其餘債權人平均分配資產，當其中某個債權人也達到債權額一半時，在分配剩餘資產前暫不分配。依照這個程序進行資產分配。

現在回到原先的問題，一百的資產由三個債權人均分的話，每個人分配的金額就是三三．三，因為沒有達到債權額最低者的一半，所以就照均分規則。其次是資產額二百的狀況。這時如果均分就變成六六．七，會超過債權人A的一半，因此分給債權人A一百的一半，即五十，剩餘的一百五十由B和C均分，各取七十五。當資產額變成三百時，只給債權人A五十，剩下的二百五十由B、C均

4 核（core）是合作賽局中基本的解概念，核存在條件必須有利可圖。核仁（Nucleolus）則是合作賽局中核的公平解，由施邁德勒基於公平性與可行性所提出的解概念。核仁所根據的分配思維，是讓一個群體中最不幸成員的幸福極大化，直到找出解。後來被用來成功解決兩千年的塔木德分配債務難題。

分的話，債權額只有二百的B會拿到一百二十五，超過一半，所以只給B一百，剩餘的一百五十交給C。

那麼，若是資產額超過債權總額一半時，該怎麼分配呢？奧曼教授等人注意到塔木德的其他項目，其中有一些布料，A和B兩個男人主張擁有布料的所有權，這時候若是A主張擁有布料的全部所有權，B主張擁有一半布料的所有權時，為了平衡雙方的不滿，所以A分配3／4，B則分配1／4。

這裡回到前面的資產分配問題來思考，不夠的部分適用相同規則就可以。也就是說，當資產額五百時，不足額為一百，由三者均分不足額，因此A、B、C分配額為六六・七、一六六・七、二六六・七，分配的狀況如表1-9。

這個財產分配法在債權人無法特定的情況，有可能發生弊端。例如，資產額是一百時，債權人C可以把債權的一半交給自己的家人或友人，藉此獲得更多分配。假設新的債權人為D，C把一百五十的債權讓渡給D，使得債權人數變成四人。平均分配時，每個人的分配額最多只能分配到債權額的一半，因此，資產額

資產額／債權額	100（債權人 A）	200（債權人 B）	300（債權人 C）
100	33.3	33.3	33.3
200	50	75	75
300	50	100	150
400	50	125 (=200-75)	225 (=300-75)
500	66.7 (=100-33.3)	166.7 (=200-33.3)	266.7 (=300-33.3)

※300 以下，分配額未超過債權額一半的範圍內，採均分。

※300 以上，不足部分未超過債權額一半的範圍內，亦作均分。

表 1-9　根據塔木德的債權人分配額規則的完成版

為一百時，每個人平均分到二十五，但C和D因為是串通合作關係，所以C比原本一個人取得的三三．三多，合計可以拿到五十的分配額。

相反的，當資產額超過總債額六百的一半時，債權人相互合作，讓債權合併的誘因就會發生。例如資產額四百時，債權人A和B合作整併債權，就能取得二百的資產，高於原本兩者分配額合計的一百七十五。

這種把不足額均等化的「核仁解」想法，也曾在日本發生過，那就是落語中有名的「大岡判決」。江戶時期，有一次一名木匠和一名泥瓦匠拿著三兩錢，來找當時的名奉行大岡越前守裁判，原來泥瓦匠在路邊撿到三兩錢，他把錢拿去還給失主木匠，但木匠說「已經掉了的東西，就不再是我的」，不肯收下錢。但泥瓦匠也覺得如果就這麼收下，有損江戶男兒的名聲，所以堅持要還錢，於是兩人吵吵鬧鬧找越前守定奪，大岡越前守聽了兩人解釋前因後果，從懷裡取出一兩錢，加上兩人拿來的三兩一共有四兩，分給他們一人二兩，告訴他們「這樣我們三人就各損失一兩，你們可以接受了吧」。也就是「三方一兩損」的名裁決。

不管這個故事是真是假，把同樣是不足額的情況均等化，從日本的大岡裁決來看，堅持「我才不要」，不願佔人便宜的部分很有意思，這或許也顯示出日本的民族性。

第二章

歷史篇

1 背水一戰

以「擴展形式」看懂名將韓信大膽的行兵布陣

西元前二一〇年，第一位完成統一中國的秦始皇一死，各地叛亂頻頻發生，天下大亂，其中嶄露頭角的是楚國將軍之子項羽，以及佃農出身的劉邦，劉邦雖然沒什麼學識，卻有極高人望，兩人一開始雖然共同與秦對抗，不久便成了互爭中國霸權的對手。

項羽和劉邦有各自的魅力，卻擁有相反的氣質。項羽驍勇善戰、智慧過人，是一個任何事都很能幹的人，只不過他的性格很冷酷。從他狠心殺戮二十萬的投降秦兵，就可以了解他性格冷酷的一面。另一方面，劉邦的個性磊落大方、信任部下，是一個任何事都能授權他人去做的人。

其中有個大放異彩的人才，那就是後來被劉邦封了楚王之位的韓信。根據史記列傳記載，韓信是平民出身，貧窮且品行不端，原本在項羽麾下，雖然時常給項羽出謀劃策，但自負的項羽並沒有採用他的意見。

劉邦入蜀後，韓信離開項羽麾下，歸屬劉邦的漢中，比劉邦更早看出韓信才能的是丞相蕭何。有一次，許多武將判斷跟著劉邦可能很危險，因而紛紛逃亡，韓信也因為一直未受重用，拋棄劉邦而逃亡。蕭何知道後，來不及向劉邦稟報就急忙親自追趕過去。

「丞相逃亡了！」劉邦聽到消息後勃然大怒，彷彿失去了左右手。過了一兩天，蕭何回來覆命，劉邦欣喜之餘怒氣不減，責罵他：

「你為什麼要逃跑？」

「臣沒有逃跑，臣在追逃跑的人。」蕭何說。

劉邦問他在追誰，蕭何回答：「韓信。」

劉邦聽了後更生氣，又罵他：

「逃跑的將士有幾十人，你都不去追，偏偏要追韓信，你在騙我。」

蕭何解釋：「那些將士很容易得到，但是像韓信這樣的人，絕無僅有。如果你只是想在漢中稱王，韓信確實派不上用場；但如果想要爭奪天下，除了韓信，沒有其他人選。」

「好，那我就封韓信當將軍吧！」

「即使讓韓信做將軍，他也不會滿足，照樣會逃走。」

「那麼就封他做大將軍吧！」

被拔擢為大將軍的韓信，很快就讓劉邦見識到他與其他人的差異，遠征軍隊戰功彪炳，那就是韓信攻趙的事蹟。當時趙國占據之地易守難攻，號稱擁有二十萬士兵的趙軍，挾地利之便搭起軍營。另一方面，韓信則讓兩千名輕騎兵舉著紅旗沿著小路前進，他說：「趙軍看到我們狼狽而逃，必定全營盡出前來追擊，你們趁這時候進入他們的軍營，豎起漢軍的紅旗。」

韓信另派一萬士兵從井陘口進去，背水安營，也就是背水之陣。趙軍一看哈哈大笑，在兵法上，背水陣地相當不利，萬一落敗時連逃生之路都沒了，很可能遭到全軍皆滅，所以一般會避免此等佈陣。

趙軍以為遇上一個連兵法也不懂的天兵大將軍，精銳部隊蜂湧而出。韓信也親自上陣，兩軍交手片刻，韓信佯裝敗逃，與河岸的士兵會合，因為無路可退，漢軍個個殊死拼搏，雙方廝殺久久不分勝負。趙軍見久戰不下，下令全營出擊，企圖把漢軍打個落花流水。

但這時埋伏在趙軍軍營附近的兩千漢軍，乘機衝進去把軍旗全換成了漢軍紅旗。等趙軍覺得攻不下漢軍，打算暫時收兵回營之際，回頭一看，發現軍營裡飄揚的全是漢軍旗幟，誤以為漢軍占領了他們的軍營，頓時軍心渙散，陣腳大亂，漢軍成功虜獲敵方大將。

將士們獻上敵方大將首級及俘虜時，除了祝賀，也對韓信提出疑問。

「兵書上說布軍要『右背山陵，前左水澤』，意思是應該背後靠山，前面臨水，而將軍卻下令背水布陣，我們實在百思不解，沒想到竟然因此取勝了，究竟是什麼道理呢？」

韓信說道：

「兵書上還有句話也許你們沒注意到，『陷之死地而後生，置之亡地而後存』，我帶的這支軍隊是新軍，只能先把他們放在必死之地，要是讓他們有逃命的退路，豈不是一開戰就四散逃命，潰不成軍。」

將士們一聽，心服口服：

「果然高明，我們無法望其項背。」

接下來，我就把這個狀況以賽局的**擴展形式**（extensive form）來說明吧。這和之前說明的狀況不同，這個賽局因為有採取行動的順序問題，所以使用樹狀分布圖較容易理解。圖2-1就是擴展形式圖。這裡先看漢軍布了什麼樣的陣（圖中以選擇樹枝示意），之後再看趙軍選擇「進攻」或「觀望」的賽局。輕視「背水之陣」的趙軍因為進攻而慘敗。

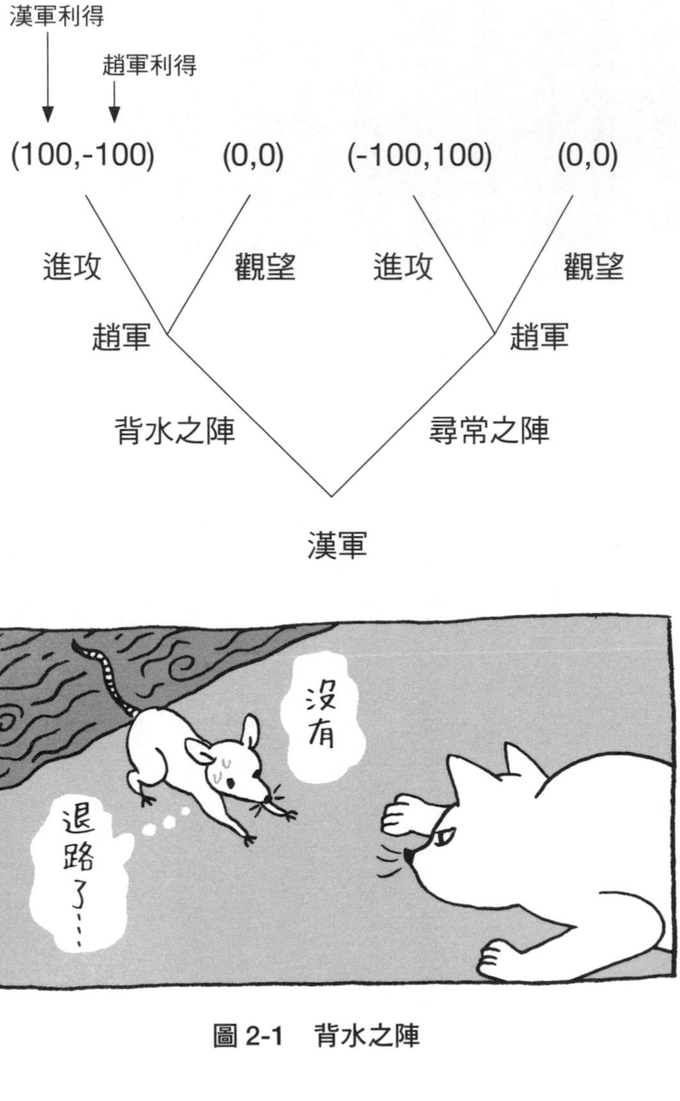
漢軍利得
趙軍利得
(100,-100)
(0,0)
(-100,100)
(0,0)
進攻
觀望
進攻
觀望
趙軍
趙軍
背水之陣
尋常之陣
漢軍
沒有
退路了…

圖 2-1　背水之陣

韓信這一戰之後，背水之陣成為兵法家的常識，如果在戰役中看到敵軍擺出背水之陣，再也沒人敢嘲笑對方不懂兵法，反而了解敵軍可能因此而拼死搏鬥，另外也要考慮可能有伏兵，連同乘虛而入的可能性也必須納入計算中。

如果能看穿這些狀況，將發生什麼事呢？如果趙軍看穿這是「背水之陣」，照理說應該要先「觀望」。相反的，若是「尋常之陣」，則應該「進攻」。漢軍正因為抓住這一點，因而選擇布下「背水之陣」，見圖2-2。

背水之陣是一種高明的戰術。在原本應該為我方先布好退路的位置，以備萬一需要逃走的情況，卻自行先阻斷了退路。有時會聽到有人考前臨時抱佛腳，說是背水一戰，但其實這是錯誤用法。背水一戰是經過深思熟慮，照自己的籌畫，才設下背水一戰的局勢，控制敵方的動向，絕不是這麼輕率的用法。如果是說無法自我管理，我還能了解，但這又是另一回事了。

回過頭來說，後來劉邦曾問韓信：

「你覺得我能帶多少兵？」

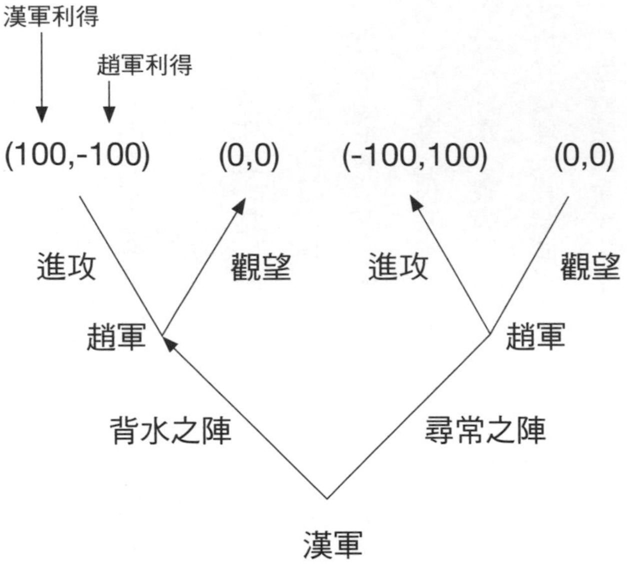
漢軍利得
趙軍利得
(100,-100)
(0,0)
(-100,100)
(0,0)
進攻
觀望
進攻
觀望
趙軍
趙軍
背水之陣
尋常之陣
漢軍

這是背水一戰！

圖 2-2　背水之陣的結果

韓信回答：「頂多十萬吧。」

劉邦聽了很不高興，反問：「那你能帶多少呢？」

韓信說：「多多益善！」

劉邦笑了出來：「多多益善！那麼你為何會落在我手中呢？」

韓信說：「陛下不善帶兵，卻善於帶將，這就是我受您掌控的原因。」

擊垮項羽後，劉邦身邊的人恐懼韓信勢力強大，使得韓信最終還是遭了毒手。據說韓信曾慨嘆：「狡兔死，走狗烹；敵國破，謀臣亡。」戰場上機智過人的韓信，終究在人際關係的算計上還是太輕忽了。

2 天下三分之計

以小搏大，孔明為何堅持？

劉邦建立漢朝後，穩固江山大約四百年，局勢再度陷入混亂。但正所謂亂世出英雄，一開始號令天下的是曹操，南方則有吳國孫權壯大勢力，而在狹縫間求生存的，則有拔擢諸葛孔明為軍師的劉備。劉備曾被授予新野豫州牧的官職，雖有雄心壯志，卻始終無法如願。劉備具有群眾魅力、仁德兼具，有一騎當千的勇者願意跟隨，卻缺少一個能運籌帷幄、有明確願景而且能付諸執行的軍師，劉備很清楚這點，所以他一直渴望一個頭腦好的人才。但再怎麼優秀的人才，如果欠缺經世濟民的志向，也不是他要找的人才。或許是因為這般節操造成了阻礙，當這樣的劉備聽說賢人眾口一詞稱讚的，是一個住在田野間茅草屋的隱士，於是接連三次到孔明的茅草屋拜訪。

據說孔明一開始就提出他的觀點，他的願景是世人所說的三分天下之計。

他先分析最強勁的兩名對手，「曹操軍政完備，挾天子以令諸侯，不可與之爭鋒。而孫權據有江東，已經三代（孫堅、孫策、孫權），地勢險要，人民歸附，賢才為他盡力。可與他結盟，不可謀取他。此種情勢下，現在天下是由曹操與孫權二分，雄踞北方和江東，難與之抗衡。但是還有他們兩人勢力以外的區域，那就是荊州和益州。」

孔明提出，應先從強大的兩國尚未占據的新天地下手、經營，他說明了荊州和益州的天然優勢，接著說明荊州領主優柔寡斷又年老，命不久長；而益州領主昏庸無能，百姓為惡政所苦，智士賢才無不希望有個聖明的領導者。

後來的赤壁之戰，成為史上有名的決戰，曹操軍隊雖然以優勢兵力迫吳軍降服，但吳軍與劉備合作對抗，曹操雖然大軍壓境，卻因為不習於水戰，讓吳軍以火攻取得勝利，劉備與孔明趁隙成功收下荊州，奠定了三國鼎立的基礎。

話雖如此，畢竟有曹操和孫權兩大強國環伺，蜀漢作為小國，什麼時候會遭吞蝕都不知道，因此劉備運用的是讓兩國相互牽制的策略。這個理論我們使用羊和狼的賽局來說明。

有一頭羊在吃草，兩隻狼在一旁覬覦，對狼而言，要撲殺一頭羊根本輕而易舉，但是兩隻狼都沒有出手，原因是萬一其中一匹狼襲擊羊並吃掉了羊，填飽肚子後，行動也會變遲緩，甚至有可能睡著，這時候另一匹飢餓的狼，或許會趁機咬死睡著的狼。如果狼是能發揮充分智慧的動物，這時就要按兵不動。即使吃到羊，但如果自己也被吃了，就沒意義了（這裡先不考慮狼會同心協力合作）。羊遇到可怕的狼，如果不是一匹，而是兩匹，小命就能保住了（見圖2-3）。

然而，是否狼的數量越多，羊就會越安全呢？想想看如果有三匹狼的狀況，情境和前面相同，吃了肉的狼會睡著，就成了其他狼的覬覦對象，這時候，羊還會得救嗎？

為了知道這一點，就必須要思考吃了羊的狼會有什麼命運？吃了羊以後，剩下兩匹清醒的狼，這兩匹狼會不會襲擊眼前睡著的狼是關鍵。如果其中一匹襲擊睡著的狼，接下來就輪到這匹狼被吃掉，因此會產生牽制作用。要是發現這個牽制作用，第一匹狼就可以悠哉地吃掉羊睡翻天了吧？可憐的羊將成了狼的食物。

雖然現實當中，這樣的推算可能會在某個環節與預期不同，無法如此簡單推演，不過我們還是思考一下四匹狼以上的情況吧！首先，是剩下的最後一匹狼，牠不需要擔心被襲擊，所以牠能毫無後顧之憂地攻擊睡著的狼。但剩兩匹狼的情況，就會發生牽制作用，所以不會襲擊睡著的狼。因此剩下三

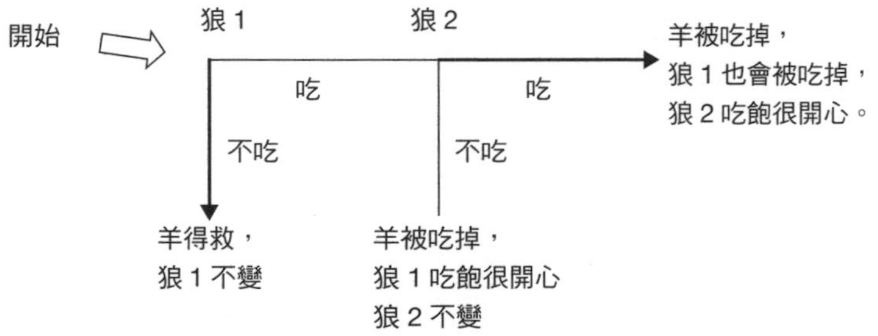

圖 2-3　羊和兩匹狼

好肥美…
救命…
一匹狼吃飽後就睡死了…
啊
連吃了羊的
狼
都可以吞進肚子！
呵呵呵
會變這樣喔！
咦？
卑鄙的傢伙！
快溜

匹狼的狀況，去除自己時，就會產生牽制作用，所以會襲擊睡著的狼。在剩四匹狼的狀況，若自己填飽肚子後，會剩下三匹狼，這麼一來可以預測如果攻擊睡著的狼，之後肯定會被吃掉，所以不會襲擊。剩五匹狼的情況，即使自己填飽肚子，剩下四匹狼時，情況和前面的狀況相同，所以會襲擊……這麼持續推演下去，就知道剩下的狼是奇數，狼會吃掉睡覺的狼；剩下的狼是偶數時，狼則會克制不襲擊吃飽昏睡的狼。換句話說，一開始狼是奇數時，羊會被狼吃掉，但狼是偶數時，羊就能得救（見圖2-4）。

赤壁大戰獲勝後，雖然有機會乘勝追擊討伐曹操，但孔明反而放過曹操。如果這時把曹操徹

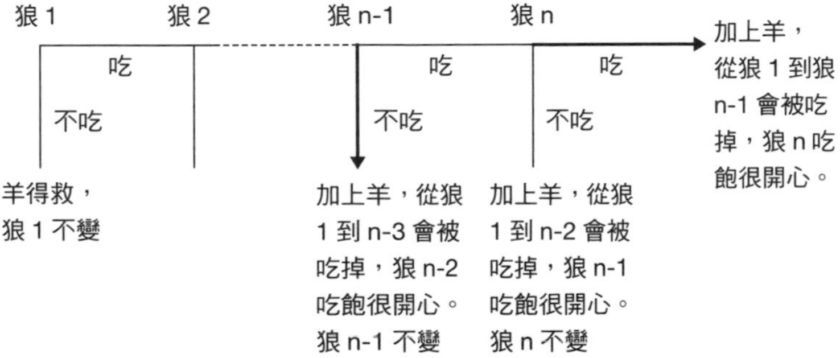

圖 2-4　羊和一群狼

底消滅，只有吳變強國，軍勢還不夠強大的劉備，將會被吳併吞。因為估算到這一點，所以放曹操逃走才是上策。

原本三國鼎立就是不安定的狀態，互為牽制的作用發生時，情勢還好控制，一旦其中某一國強盛，就會併吞其他兩國，其中一國太弱，也有可能因為強大的兩國合作而被瓜分。當然，三分天下的計策，只是一個暫時的謀略，並不是最終目標。孔明打的如意算盤是讓曹操的魏和孫權的吳相爭，兩國力量削弱後，總有一天能奪魏攻吳。事實上，和魏互爭天下之際，荊州被吳拿下，蜀國力變弱，孔明死後，從曹氏手中奪走曹魏政權的司馬氏滅蜀建晉（史稱西晉），不久西晉滅吳，天下一統，但西晉也在建國數十年後就滅亡，真可說是世間無常。在大時代流轉中，孔明留下的究竟是什麼呢？

3

德爾菲的神諭

借神險勝，開啟雅典海上霸權的起點之戰

古希臘在決定重大事項時，習慣上是聽從神諭再行事。聽取神諭的地點是神殿，其中最有名的是德爾菲的阿波羅神殿。

阿波羅的神諭是透過女祭司來傳達，女祭司是從年齡超過五十歲的農婦中選出，進入神殿前以泉水淨身，然後飲一口泉水得到預言的力量。神殿要奉獻山羊等祭品，然後女祭司在神殿中央的祭壇上，使用鴉片或天仙子等薰香，接著女祭司在半失神狀態下，咬著月桂葉，坐在三腳架上，這個架子支在產生神諭的溝壑中，下面就是產生火山氣體的裂縫。女祭司吸了這個氣體，透過神明附身說出神

諭，接著再由神官解釋寫在板子上。

神諭的內容並不是直接回答問題，多數是模稜兩可的內容。神諭的內容除了回答日常瑣碎的煩惱，也包括帝王或政治家提出的問題。一般神諭都是以口頭表達，但遇到牽涉國家大事，就會提出書面文件，作為祭司的商討資料。據說德爾菲神殿基於各國帶來情報，能做出更正確的判斷，形同擔負起情報中心般的任務。

從地米斯托克力[1]的故事可以窺見德爾菲神諭的影響力。西元前四八〇年，雅典掌握愛琴海霸權以前，波斯的薛西斯一世（Xerxes I）發動對希臘的戰爭，在大軍壓境之際，希臘毫無反抗能力，兵敗如山倒。終於，波斯軍接近了雅典領地，眼看陸戰不可能戰勝的雅典指揮官地米斯托克力，勸說大家放棄雅典城，在海上與波斯決戰，試圖以海戰一賭命運。然而，地米斯托克力要打海戰，必須克服兩大難關，一是說服希臘聯軍和波斯海軍一決雌雄，二是說服雅典政府及公民大會先暫時離開雅典。

然而，要捨棄祖國於不顧，必須使用非常手段，於是地米斯托克力利用的就是德爾菲神諭。了解其中緣由的神殿祭司，放出了以下神諭。

只有難攻不落的木牆能保衛你們和你們的子孫。
你們要逃離從大地來的騎兵和步兵大軍。
不過你們終有一天會和他們交戰的。
神聖的薩拉米斯，女人及子孫將能在大地生生不息。

地米斯托克力成功地把神諭的「木牆」解讀為「海軍」，主張「女人及子孫」轉移到薩拉米斯島和特羅增島以保存實力，並讓雅典公民與無地貧民登上戰船，趕赴薩拉米斯灣參戰。

1 地米斯托克力（Themistocles），古希臘傑出的政治家、軍事家。

在眾說紛紜意見紛歧時，有時一聲令下才能整合意見。日本戰國時代的城主，據說會讓家臣盡情發表意見，最後再綜合意見做出決定。二〇〇九年時，曾有某個總理大臣不理會他人意見而動用國庫數兆圓款項，相較之下，戰國時代城主的方式還比較民主。越民主的國家越是需要一聲令下才能整合意見，因為國家存亡的危機，往往沒有人知道什麼才是最佳策略，每個人重複堅持自己的觀點，討論永遠不會有交集。

城主的一聲令下自不用說，神明的一聲令下有多大威力自然可想而知。波希戰爭時，被大國波斯蹂躪國土的希臘，有必要團結一致面對敵人，然而，主張「拋棄雅典逃到海上，以海戰一決勝負」的地米斯托克力，與主張「堅守雅典，守住山丘上神殿」的反對派，兩方看法始終呈平行線。在爭論戰略優劣時，波斯的薛西斯已不斷逼近，因此人們決定遵從德爾菲神諭。地米斯托克力事先在背後費了一些心思，他成功說服德爾菲的神官，然後就如前述讓他們公布了神諭。由於神諭只要一次不靈驗就會使神明失去威信，所以神諭中並未保證雅典的勝利，而是改以「女人及子孫將能在大地生生不息」這種曖昧不明的神諭。不管是雅典或波斯獲勝，這段神諭內容都不會有問題。而且，又提出薩拉米斯島這個雅典西邊的島嶼，讓地米斯托克力的提案更容易得到支持。當意見分歧時，神諭可以說是用來整合意見的強效黏著劑。

這和獲頒諾貝爾經濟學獎的湯瑪斯・謝林所提出的**焦點**（focal point）論述有共同點。想像一下約好要碰面，卻忘了帶手機的人。和朋友約好在澀谷見面，因為心想屆時再用手機聯絡，所以沒有先說好詳細碰面地點。這時候，兩人究竟會到哪一個地點等人呢？兩人只要能幸運碰到面就好，因此，無論去巴而可大樓或109百貨大樓[2]，都無所謂。但問題是兩人真的能碰到面嗎？一說到在澀谷碰面，多數讀者腦海裡浮現的，恐怕都是八犬公雕像前吧？約在八犬公像前碰面的人多而混雜，喜不喜歡那擁擠的集合地點是一回事，重點在於，究竟對方會去哪

2　皆是東京澀谷商圈的醒目地標。

裡找自己？而自己又該去哪裡找對方？雙方能正確解讀對方的想法才重要。結論是，既然是澀谷，總之先去八犬公像前尋找朋友的人，應該佔大多數。

這種情況的重點可以使用賽局理論簡單呈現。請看表2-5。這個賽局中，阿健及詠子只要能見得到面，在哪裡都沒關係。當彼此都認為在「八犬公前」碰面時，不會故意選「巴而可」，從這個意義而言就達到奈許均衡。

但是，這如果是在新宿，情況又不一樣了。各位讀者這時會選擇哪裡呢？新宿並沒有像澀谷一樣有八犬公這種讓大家固定約碰面的地方，要是沒有先決定碰面的場所，又忘了帶手機就慘了，大概只能碰運氣到處去找對方。

這時候要是利用廣播留言作為碰面線索，如何呢？「在新宿南方陽台可以遇見很棒的對象」之類的都沒關係，如果想不出對方可能在什麼地方，兩個不知所措的人就當作被騙，去新宿南方陽台看看，這時兩人就能因為這個「預兆」而碰上面了（見表2-6）。

神的聲音對於人們的思考與行為具有產生整合的效果。

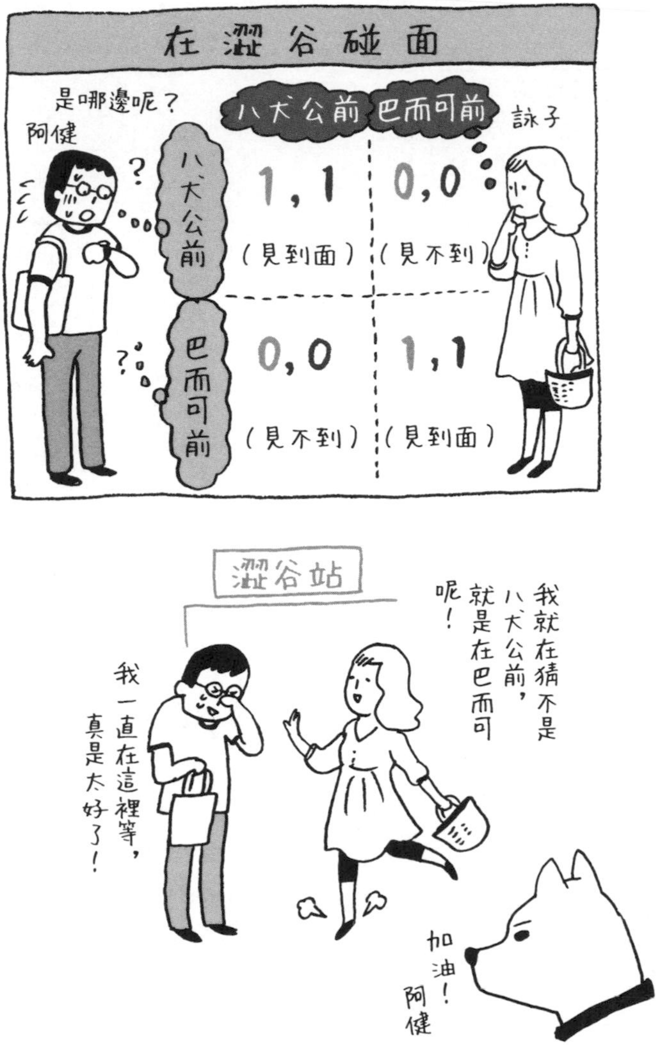
在澀谷碰面
是哪邊呢？
阿健
詠子
八犬公前
巴而可前
1,1
（見到面）
0,0
（見不到）
0,0
（見不到）
1,1
（見到面）
澀谷站
我就在猜不是八犬公前，就是在巴而可前呢！
我一直在這裡等，真是太好了！
加油！阿健

表 2-5　碰面賽局：澀谷篇

		詠子		
		西口派出所前	新宿南方陽台	…
阿健	西口派出所前	1,1	0,0	…
	新宿南方陽台	0,0	1,1	…
	…	…	…	…

表 2-6　碰面賽局：新宿篇

☆☆☆

既然都講到這裡了，雖然和神明的聲音並不相關，不過和背水一戰是相同理論的思考策略，所以就繼續波希戰爭的話題吧！

地米斯托克力司令官，真的是很厲害。離開雅典，到了薩拉米斯的雅典海軍和其他的希臘聯軍一起商討，在同盟國當中，伯羅奔尼撒各國的部隊希望能保護自己的國家，因此主張放棄薩拉米斯，回應伯羅奔尼撒半島的支援。包括雅典在內，薩拉米斯附近各國則主張留在薩拉米斯。眾人討論沒有交集，處於膠著狀態。終於，以堪稱希臘聯合艦隊兩倍勢力為傲的波斯海軍已經逼近圍攻的通知到來。

因此，地米斯托克力偷溜出會議，找了一個他的心腹搭小船前往波斯。他的心腹到了波斯陣營後，對敵方指揮官說：

「雅典指揮官偷偷派我來，雅典指揮官很崇拜波斯國王，他期待貴國軍隊能打敗希臘軍隊，所以他要我告訴你們，希臘聯軍現在人心浮動，一心只想著如何逃亡，所以你們絕對不要放過這個機會，乘勝追擊的話，必定可以收到很大的戰果。」

相信這個通風報信的波斯軍隊，等到半夜派出西翼部隊往薩拉米斯出發，以艦隊封鎖了整個薩拉米斯海灣。

地米斯托克力這麼做其實是個相當危險的賭注。通常在戰鬥時即使落敗，也會為了避免全軍覆沒而留一條退路。但是，這一次是希臘同盟的聯軍意見分歧的特殊情況，若是保留逃生退路，伯羅奔尼撒的各部隊為了固守自己的國家，很可能會脫離戰線。所以讓敵人阻擋逃生路徑，但同時也是斷絕地米斯托克力自己的部隊和伯羅奔尼撒的各部隊生路，只能戮力以赴迎戰敵軍。利用的正是和第一節背水一戰相同的原理。

不用說，背地裡阻斷逃生路徑的行為萬一被揭穿了，地米斯托克力會被視為背叛者，後果不堪設想，所以他瞞著所有人偷偷進行。不知情的希臘指揮官仍然爭論不休。這時候，一艘從敵軍陣營脫身的同盟船隻抵達薩拉米斯，把這個狀況告訴大家，指揮官知道逃生路線被阻斷了，才總算覺悟要對抗到底。

清晨時分，在天色還朦朧透著魚肚白之際，看到乘船航向外海的希臘軍，波斯軍立刻追趕，但地米斯托克力並未下達戰鬥開始的命令，熟悉天氣、航情的他正在等待，等待海風吹拂到海浪掀高至海峽處。這個風對吃水淺而低的希臘船隻不會造成影響，卻會使甲板高又重的波斯船在前進時偏離方向。地米斯托克力一看到他預期中的情景，立刻下令開始戰鬥，這時希臘船隻看準敵船側腹，往船舳先用力衝撞，進行斜線攻擊，這是當時的海戰常運用的方式。這麼一來，薩拉米斯海灣的波斯船艦幾乎被雅典軍破壞殆盡，無法再航行。

這一場激戰，包括薛西斯的弟弟在內，許多波斯與同盟軍的名將都在戰役中死亡。相對的，希臘則死傷極少。希臘人因為擅泳，即使船隻沉沒也能游到薩拉米斯島，但波斯的士兵卻幾乎溺水而亡。而且，在狹窄的水域被狂風吹襲而狼狽逃離的波斯船隻因互撞而七零八落，幾乎無還擊之力，因此薛西斯只有撤退一途。這就是聞名的薩拉米斯海戰。這場戰役中發揮了指導力的雅典成為希臘各國盟主，權力重振，也是民主主義帝國雅典誕生的瞬間。

第三章

市場篇

1

狐狸的手套

了解市場的運作規則

你是否記得很久以前，在年幼還懵懵懂懂的時候，爸爸媽媽唸給你聽的故事書？新美南吉的《買手套》或許就是其中的一本。在大雪積得很深的寒冬夜晚，狐狸媽媽叫小狐狸到人類居住的城鎮去買手套。狐狸媽媽把小狐狸的一隻手變成人類的樣子，然後交給牠鎳幣，她千叮嚀萬交待，到了店裡拿錢給老板時，一定要伸出人類的那隻手，沒想到小狐狸卻在最關鍵的時候伸錯手，被老板看到了狐狸的手。沒想到老板只是敲一敲鎳幣，確認是真的錢，就把手套賣給小狐狸了。坐立不安等待小狐狸回家的母親，聽了這件事以後，喃喃地說：「原來人類是這麼好的人」。

聽到這個故事時，我心想老板真善良，心裡覺得很溫暖。然而，如果老板不是個善良的人，會變成怎麼樣呢？小狐狸是不是會被抓住，然後被做成圍巾呢？然而，小狐狸沒有被抓起來做圍巾，不是因為正好老板很善良，而是因為老板通曉市場倫理，收了錢的老板，確認那是真錢，所以把手套交給小狐狸。

這個故事透露出市場的樣貌，即使老板明知小狐狸並不是人類，也沒有因此厚此薄彼，只要確實支付商品的對等報酬，小狐狸就是顧客。市場上不會以貌取人，讓人能很安心。

那麼，接下來參考一下我所編撰的後續發展。有一次，鎮上某個大人物因為上了狐狸的當，而引起騷動。原來是他喝醉酒，在月光下把落葉當作金幣，所以他把身上的東西全交給了狐狸，卻換來以為是金幣的落葉。當然，搞不好只是他自己不小心丟到河裡了。酒醒後這個大人物氣瘋了，貼出公告規定以後禁止人類跟狐狸收錢，不但收錢的人要處罰，拿錢來買東西的狐狸也要抓起來。

另一方面，歲月在不知不覺中流逝，小狐狸已成長為狐狸爸爸，牠對人類的小鎮公告毫不知情。有一天，當牠想買手套給自己的孩子時，想起以前的往事，「以前爸爸還特別把手變得像人類一樣去買手套，但其實不需要喔。」狐狸爸爸跟小狐狸這麼說，並交給牠兩枚鎳幣。

小狐狸很害怕，但牠相信父親告訴牠的話，去到店裡。沒想到老板因為公告，所以不賣牠手套，老板跟小狐狸說：「快走！你待在這裡會被抓走喔。」小狐狸正在店門口遲疑不決時，鎮上的大人物已經帶著獵人來了，「你們看，那裡有隻拿著鎳幣的小狐狸，一定是樹葉做成的錢，追！抓住牠！打死牠也沒關係！」

砰！

☆☆☆

用賽局理論分析經濟問題也很有用處。市場就如同一個大型的賽局場地，無論是我們消費者、企業，或諸多在其中形形色色與企業相關的人，都是進行各種活動的玩家。每當遇到不景氣時，市場這個競賽場就會狂風大作，討論市場規範的聲浪就會變得很熱烈。我有點擔心。假設針對市場販售商品的人設立資格限制，比方說，訂一條規則是：除了原先已經開店的業者，目前沒有開店的人不准設置新店鋪。

這麼一來，已經設置店鋪的人不必擔心新的競爭，就算價格高一點，商品照樣賣得出去，也不必擔心倒閉，簡直天下太平萬萬歲。看到這個情況的大人物，有感於倒閉情況減少，景氣變好，索性對銷售其他商品的店家也開始規範同樣的限制，情況越演越烈，最後演變成多數市場都已使用相同規則的保護網。

等回過神來，再也沒有新店家開設、也沒有能賣的新東西。打算努力推出新店面的人也無計可施，這個社會已經變成只能以開店和沒開店來區隔。

這就像是有人對你說，「能參加市場這個賽局的玩家都決定好了，你沒機會成為玩家」，是一樣的道理。

就像日本的正式員工和非正式員工之間，也存在類似的差距問題。小泉首相實施結構改革的結果，擴大貧富差距的爭議，原先進行的結構改革就不盡合理，雖然民眾高呼改革的聲浪很大是事實，但只淪為政治的口號，並未真正改變制度及政策的實際情況。

職員貧富差距問題的本質，是來自於正式員工與非正式員工從過去就存在的「身分」差距。長年在組織內論年資升遷制度保護傘下的正式員工，以及必須在市場持續戰鬥下去的非正式員工，兩者之間存在已久的身分差距問題，在長期經濟停滯下浮上檯面。

何況，以日本的情況，法令制度更助長了這個差距。經濟合作暨發展組織（Organization for Economic Co-operation and Development，簡稱OECD）蒐集現行僱用法制或過去判例等，加以比較而再次突顯出來，日本的正式員工與非正式員工其勞工保護程度的差距。籠統說來，不論是正式或非正式員工，在美國都能輕易解僱，但在歐盟各國並無法輕易解僱員工。然而，在日本要解僱正式員工雖然與歐盟同樣困難，如果面對非正式員工則和美國的情況相近，相對容易解僱。

就這個實際情況，針對要在僱用保護法制縮小差距之必要性，雖然大家意見一致，但究竟應該放寬正式員工的解僱條件？還是更嚴格限制非正式員工的解僱條件？眾人在看法上有很大的分歧。

保護勞動者的社會要求呼聲高漲，但多數討論都是針對大企業，這是因為考量企業生存的情況下，即使要求中小企業「僱用非正式員工為正式員工，消除無薪加班及假日加班」，執行上也有其困難度。

在大企業工作的人或經營者等勝利組，很難理解弱勢族群。然而，正因為位居強勢地位，不是更應該捨棄自身優先主義，實踐像宮澤賢治說的「當全世界的人都幸福的時候，才會有個人的幸福」的東方世界觀嗎？強勢的人只是在現在的社會和經濟制度中，恰巧位居強勢的立場，我們必須認清要擁有「真正的幸福」，就一定要消除差距。這並不是單純高談闊論理想主義，當正式員工與非正式員工之間的社會差距過大，正式員工害怕淪為非正式員工時，不得不拚命工作，最糟情況可能會導致過勞死不是嗎？這種差距，不僅威脅到非正式員工，也會把正式員工逼迫到走投無路。

大企業與中小企業、正式員工與非正式員工之間，本來就已經很容易產生差距，日本依循的僱用保護法制更徹底拉開兩者距離。為了消除其中差距，而嚴格限制非正式員工解僱條件的話，可能導致僱用非正式員工的門檻更高。企業可以裁員、工會可以排除無法工作的人，但國家無法淘汰國民。為了盡可能讓陽光普照多數人，建構包括稅制、社會保障在內的無縫接軌制度，刻不容緩。

☆☆☆

其實，《買手套》故事前面還有個伏筆。狐狸媽媽曾有個經驗，童年時，牠曾經和朋友惡作劇想偷抓農家的鴨子，不料竟然被農家發現，好不容易才逃過一劫。狐狸媽媽並不明白當時和現在與人類相處上的差異。不遵守市場規則的狐狸遭到慘痛的下場，遵守規則的狐狸被當作顧客看待，這是市場的優點。對於不了解市場規則的人，要加入市場時，有必要確實指導他市場規則。在對於市場結構及規則的了解上，日本的學習場合太少，這不能只透過實戰經驗，有必要在高中及大學階段就好好學習。

對了，被槍射擊的小狐狸後來怎麼樣了呢？幸好子彈偏了，小狐狸趕快跑回山裡。不過，小狐狸因為驚嚇過度，弄丟了鎳幣，再加上這個遭遇的打擊太大，所以一回家就倒頭大睡。

心靈的傷好不容易痊癒之際，有一個男人來到山裡，他身上扛著槍，似乎在找小狐狸。男人發現了小狐狸的足跡。

「好像在這一帶。」男人說著抬起臉時，正好跟小狐狸四目相對。

「慘了！」

小狐狸慌張地躲起來。男人笑著從口袋掏出什麼東西，悄悄放在山毛櫸樹下後就離開了。

直到男人的身影從視線中消失，小狐狸才戰戰兢兢地靠近樹下，那裡放著一雙手套、一張紙條和一枚鎳幣。紙條上以醜醜的字寫著：

> 這是您買的商品和找零。
> 謝謝惠顧。
>
> 店主

2

原有業者與新進業者的賽局

日本石油業之爭——應把對手的選擇權也納入考量

最近走在路上，常看到原本是加油站的地方已經成了荒廢之地，或是改建為其他建築。如果開車兜風，應該會發現更多這樣的地方。日本加油站數量在一九九五年達到高峰，約有六萬家，之後每年減少數百家甚至兩千家，二〇〇八年大概剩四萬兩千家加油站，大約減少三成。因此才會到處看到加油站變成廢墟。

日本的解除管制（deregulation）或公營企業民營化，從一九八〇年開始到一九九〇年這段期間有很大的進展，因為這個解除管制政策而產生巨大改變的是石油業界。一九八〇年代起，日本的石油產業就遭到沒有效率的批評，為了效率化而實施解除管制政策，一九九六年汽油等石油製品的輸入大幅自由化，相關市場環境產生巨大變化。原本預期企業會輸入汽油，促進市場競爭的進展。然而現實卻與這個預測大相逕庭，照理說應能獲得自由化利益的企業，卻幾乎看不到新進業者投入市場，還是照樣輸入原油，在日本國內精製、販售。石油精製業者、石油產業照樣維持原本的寡占體制。

寡占體制沒有因而瓦解，是否意謂著原本指望更高一層競爭的解除管制政策沒有效果呢？在急著下結論以前，先把目光轉向當時的汽油等石油製品市場吧！

從圖3-1就可以明顯看出，在競爭對手沒增加的狀況下，價格卻產生極大變化。根據日本石油資訊中心調查資訊，一九九四年四月平均售價約一百二十一日圓（每公升）的無鉛汽油加油站。到了一九九八年十二月降到約九十二日圓（每公升），也就是說，三年半大約下降了二十九日圓（每公升），在原油價格短期劇烈波動的情況下，汽油價格卻照樣下跌。或許有人還記得二〇〇九年四月廢除

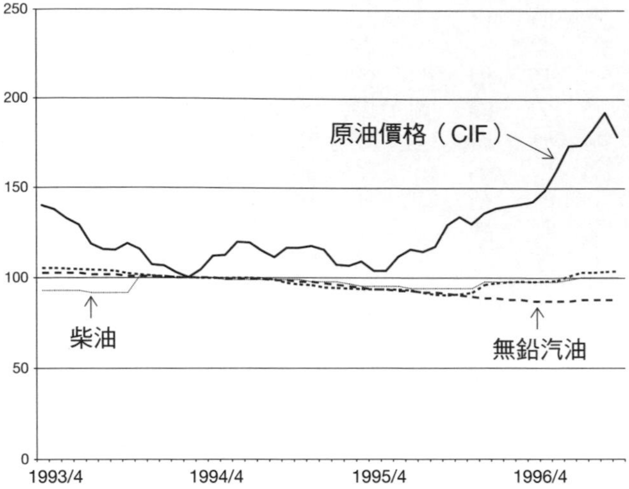

資料出處：石油資訊中心、石油聯盟

圖 3-1　原油價格與石油製品零售價格
（1994 年 4 月假設為 100 時呈現的趨勢圖）

汽油暫定稅率後，一時之間所感受到的衝擊，由於汽油五十三日圓（每公升）的稅金另外以消費稅計算，所以對加油站來說，實收價格等於比半價還低。

在廢除「特定石油製品輸入暫定措置法」（簡稱特石法[1]）方向性濃厚的一九九五年初，這個價格戰尤其開始加速。當時異業進入加油站的計畫逐漸具體成形，幾乎同時期汽油的末端價格開始下跌，由於這個價格競爭，多數加油站甚至面臨被迫虧本出售的經營窘境，這麼一來，新進業者加入也得不到好處，汽油的輸入或進入加油站經營等各異業公司的計畫被迫腰斬。雖然沒有出現透過產品輸入來進入市場的企業，但原有業者的策略產生極大變化的結果，令有關市場環境的預測也產生極大變化，因而導致價格下滑。

伴隨解除管制及自由化而帶來的最大改變，並非是新進業者的加入讓競爭變得更激烈，通常是因為已經占有大部分市場的原有業者所採取的行動，而帶來改變。廢止特石法前後的加油站策略，就是典型的例子。像這樣的市場行動被稱為「阻止新進者加入行動」，使得新進者加入的競爭自由化無法產生效果。

這種狀況可以用原有業者與新進業者之間的賽局來說明。要說明這個狀況，從原有業者先採取行動的賽局來說明，比較方便。圖3-2將問題本質簡化，以圖表呈現。

1　日本政府為了保護國內石油業者而從一九八六年開始施行的法令。

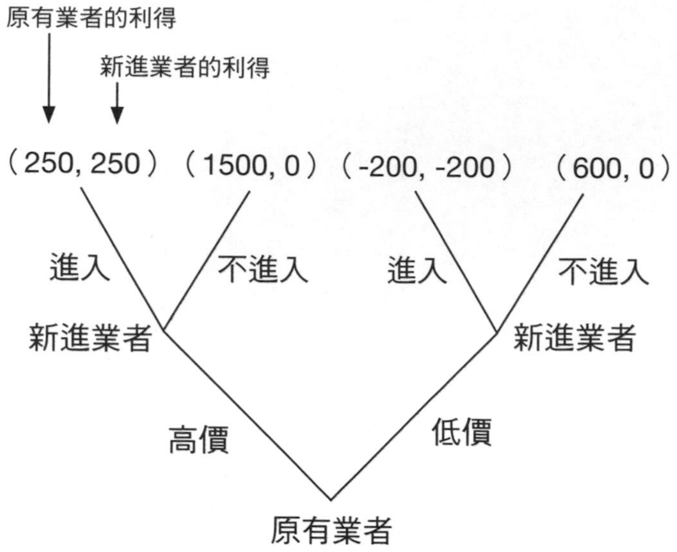

圖 3-2　原有業者與新進業者的利得比較

假設現在有某家企業（稱為新進業者）正在衡量是否要進入市場。比較原有業者訂定高價和低價的狀況。當原有業者訂定高價時，新進業者進入後，可以得到二百五十的正利潤，但原有業者訂定低價時，新進業者進入市場將嘗不到甜頭，反而會產生負二百的利得，也就是將發生赤字情況。另一方面，假設原有業者訂定高價，有新進業者進

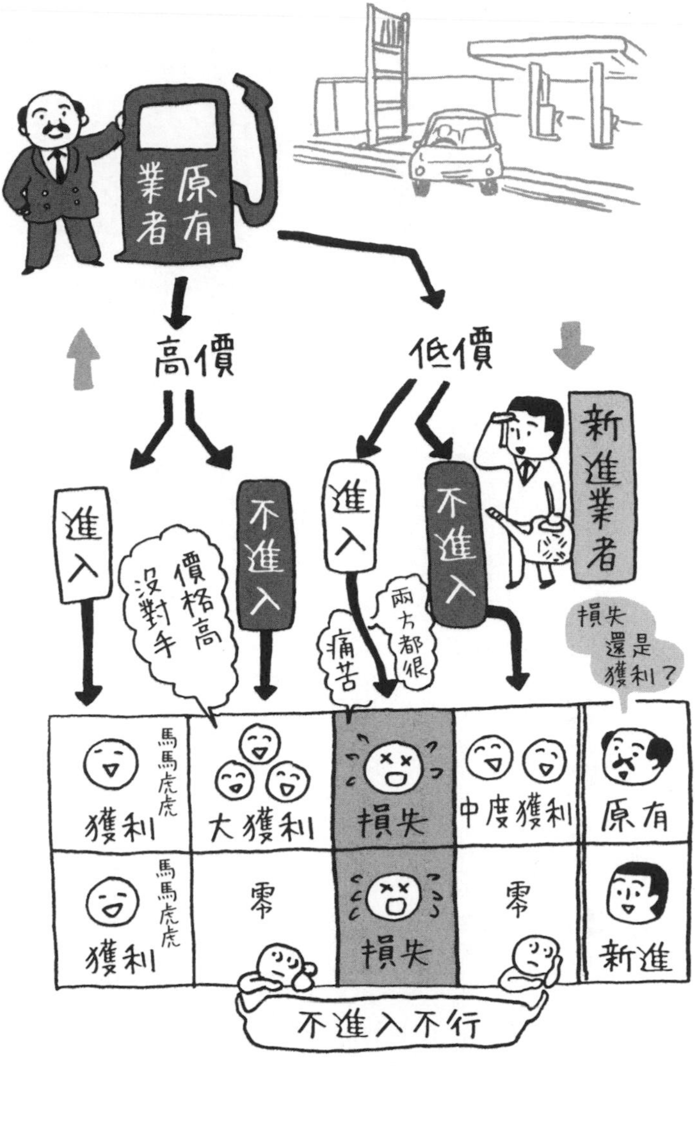
原有業者
高價
低價
新進業者
進入
不進入
價格高沒對手
進入
不進入
兩方都很
痛苦
損失還是獲利？
獲利
馬馬虎虎
大獲利
損失
中度獲利
原有
獲利
馬馬虎虎
零
損失
零
新進
不進入不行

入市場時，原有業者能獲利，沒有新進業者進入市場時，原有業者也有獲利，這時候各企業會採取什麼樣的策略呢？

如同囚犯困境（參考第一章第三節的公有地悲劇），如果不論新進業者加入市場與否，只要原有業者訂高價，皆能獲得較高利潤，他們當然會訂定高價，但是這個論點忽略了很重要的一點，這裡和囚犯困境有個地方不一樣，那就是新進業者對於原有業者的行動會做出反應，決定下一個對策。雙方都在揣測對方會怎麼做，而自己在該情況下要如何因應，因此原有業者的訂價高低，一定要將新進業者的回應策略納入思考來進行。

所以先假設較簡單的案例，以限制新進規制（即有些企業無法自由參與的規制）來思考（見圖3-3）。在這個情況下，新進業者只能選擇「不進入」，因此原有業者訂定高價時，利潤為一千五百，選擇低價時利潤只有六百，他們當然會選擇訂定高價。

其次，我們想想看廢除新進規制的情況。這一次新進業者有「進入」的選

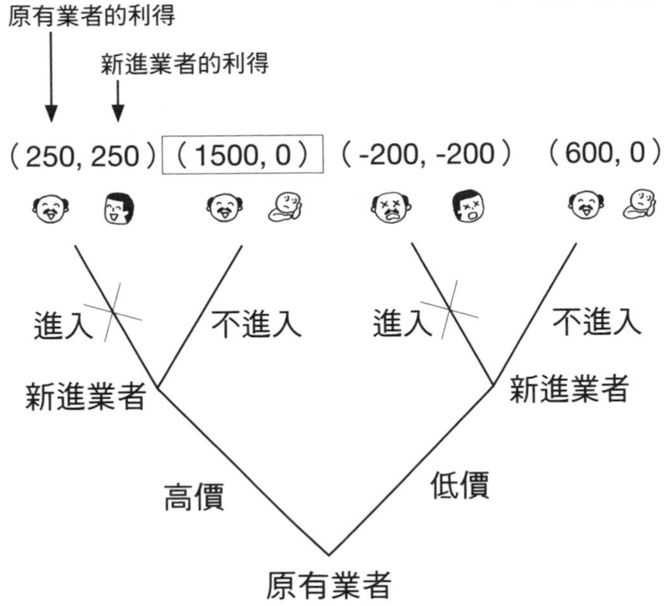

圖 3-3　有新進規制的案例

項，因此必須根據原有業者的反應，再決定自己該採取什麼行動。比較圖3-4的數字，就會了解他們在原有業者訂定高價時進入市場，採取低價時則不會進入市場的結果。

像這樣可以預測新進業者的應對時，原有業者會採取什麼做法呢？如果訂定高價，而新進業者選擇進入時，利潤是二百五十，相對的，

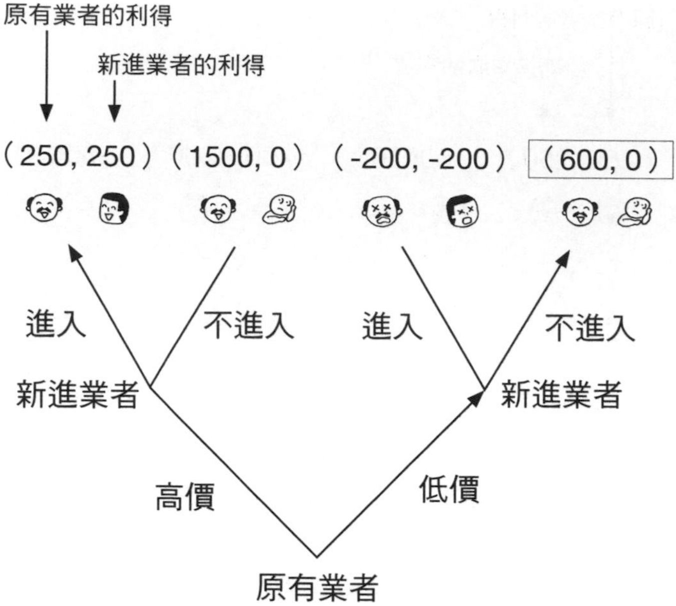

圖 3-4　新進業者加入自由化的案例

訂定低價而使新進業者產生猶豫時，則可以獲得六百的利潤，若是照這個盤算，訂出低價才是最佳策略。像這樣從「後行動」的玩家會做出的決策來反向推演的方式，稱為**逆向歸納法**（Backward induction）。

這裡看到的賽局因為原有業者只有一家，所以接下來的討論能夠成立。

一般來說，很有可能在新

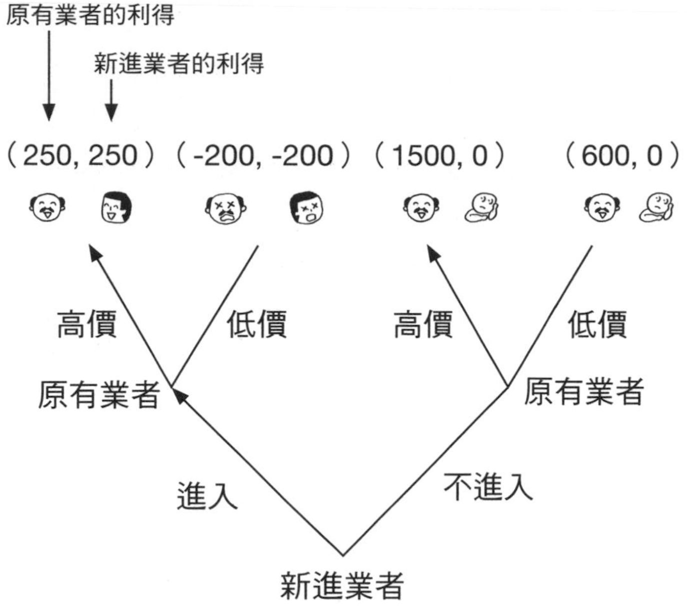

圖 3-5　新進業者先採取行動的案例

進業者進入市場的前後時間改變價格，所以進入市場後，原有業者才變更價格更符合實際狀況。因此，在思考新進業者會不會進入時，最後假設為進入市場後，原有業者才訂價的賽局較為合理。這種情況下，可能就會發生和前述的賽局不同的結果。

事實上，如同圖3-5所看到的，因應新進業者是否進入市場，原有業者調整價格策略時，逆向歸納法的結果就會像箭頭所呈現出的，新進業者進入市場，而原有業者讓步，訂出高價。

那麼，為什麼加油站的案例並沒有變成這種狀況，而是呈現最初的賽局呢？最主要的原因是加油站事業並非獨占，他們原本就有競爭對手，因此就會形成一種默契——有時可能是公開協商——協商而形成維持高價的局勢，因為知道新進者加入競爭自由化的消息，擔憂無法維持更高的價格，協商破裂，爭先恐後地走向生存競爭，結果不但發生價格崩盤，也無法恢復原本同業互利的高價。諷刺的是：因為預測新進業者進入，致使無法回復過去的高價而形成低價競爭，最後新進業者卻因此選擇不進入市場。

3

斷折之翼

AIR-DO航空為何失敗？剖析西南航空稱霸的經營之祕

二〇〇〇年的夏天，我初次到北海道旅行，一進入新千歲機場，租了車子便前往釧路濕原與知床各處。我們到釧路濕原時，突然聽到草叢裡發出很大的聲響，接著出現了一隻熊，實在把我嚇得不知所措。在知床時，我們登上羅臼岳，鳥瞰國後島，接觸雄偉壯闊的自然，整個人心情也變得開闊，愉悅地返回歸途。

我之前就一直很想去北海道，只可惜旅費實在太昂貴，時間有限的社會人士不太可能運用「青春18旅遊通票[2]」，所以要去北海道只能搭飛機前往。單程兩

2　可以一日無限次免費乘坐縱貫整個日本的JR線普通列車套票，配合日本學生的長假期間發售。不限年齡、國籍皆可購買。

萬五千日圓，我和妻子兩人來回就要花十萬日圓，實在開銷太大，就在這時我看到「北海道之翼」AIR DO的廣告，單程機票只需一萬圓。「有這個大好機會還不去，一輩子都去不成了！價格便宜時不充分利用，還有資格叫做經濟學家嗎？」基於莫名的義務感作祟，我立即買了機票。

創立AIR DO的公司在二〇〇二年夏天倒閉，自一九九八年十二月啟航，這間公司便成為連結羽田到千歲兩地之間北海道居民的翅膀，開航三年半後公司倒閉，現在已加入ＡＮＡ旗下，繼續航運。

在AIR DO放進人生賭注的夢想確實很偉大，這名創立經營AIR DO的濱田輝男（於二〇〇〇年去世）在養雞業是個相當有經營手腕的人物，面對眾人輕視他「雞也想在天空中飛嗎？」的揶揄，他以低價斷然殺入寡占產業。根據濱田輝男在他的回憶錄《AIR DO——從零挑戰的航空公司》寫道，他進入航空業的動機是企圖把競爭帶入怠於降低成本努力的航空業界。就如同被稱為物價模範生般，雞蛋價格數十年幾乎沒變。他說這是因為降低成本的激烈競爭在背後支持著大家一路努力過來。除此之外，還有喚醒北海道的開拓者精神，那幾乎被遺忘的北海道民開拓魂所發揮的自負，讓他決定一闖航空業。

但這樣的AIR DO卻失敗了。AIR DO對於新進業者的對等條件並未整頓好，而批判航空主管機關。而航空主管機關則批判AIR DO一方面說要降低成本，卻又無法擺脫高成本體質。

根據濱田輝男表示，AIR DO參考的範本是現在仍績效傑出的美國西南航空。西南航空是一九七一年首航的新進業者。西南航空可以成功，AIR DO卻失敗了，這是為什麼呢？是美日航空主管機關的差異嗎？還是經營手法的不同？或者，是因為濱田輝男突然去世導致失敗嗎？這些很可能都有或多或少的影響。失敗或成功，從來不是能簡單以單一因素解釋。不過，就過去的討論，有一個不太受重視的決定性差異，那就是關於原有業者的動向分析。這一點我們可以使用賽局理論來分析看看。

西南航空一開始是選擇在德克薩斯州內的都市間飛行。當然，雖然有地方上的競爭對手，但他們並未一開始就飛國際線，不向航空巨擘挑戰。德州面積比日本大，一開始西南航空只飛達拉斯、休斯頓、聖安東尼奧這三個城市，當初成立的構想就是作為連結這三個地方都市的航空公司，即使現在航線已遍布全美，西南航空仍然沒有加入黃金航線的戰局，照樣堅守作為地方都市間航空公司的最初理念。

相對的，AIR DO如何呢？作為北海道之翼而選擇加入的航線，是羽田到千歲這個領域屈指可數的黃金航線。當時有JAL、ANA、JAS三家在經營這條航線（現在JAL和JAS合併經營）。JAL和ANA兩家都是大公司，而西南航空面臨的競爭對手是地方航空公司，兩者情況在程度上有很大的差異。西南航空徹底執行新進規制的原則，只加入利基航線（需求較少的狹窄客群路線）。相形之下，AIR DO則是一開始就投入黃金航線。

這個選擇會發生什麼結果呢？過去原有業者其單程超過兩萬圓的機票，在出發、抵達時間帶相近的條件下，只有AIR DO票價下殺到一萬六千圓，引發了激烈的價格戰。

這時原有業者應該已經看清——不採行價格競爭的缺點與採行價格競爭的優點。一萬六千圓和兩萬數千圓的競爭，公司再怎麼大也沒有贏的勝算。原有業者為什麼非採低價策略不可呢？圖3-6就是考量這個理由而作的賽局分析圖。

依照前一節的分析來了解這個賽局，就會得出像圖3-7的狀況，這時候的新進業者正確的決策是「不加入」，因為可以看出夢想在商業模式（business model）上會失敗。

那麼，在「加入」的狀況下，有機會出現正確決策嗎？要加入已經被大公司寡占的黃金航線「羽田—千歲」，應該很困難吧？其他做法呢？有機會一搏的，應該是像西南航空一樣加入利基航線吧？不過，就西南航空的情況來看，以達拉斯和休斯頓分別加上周邊的話，就是人口約達五百萬的都市，相對的，北海道總人口為五百萬人。即使是連結函館、釧路、札幌的航線也難以預估是否划算。

這麼一來，如同一部分的有識之士所說，經營連結旭川等北海道的地方都市

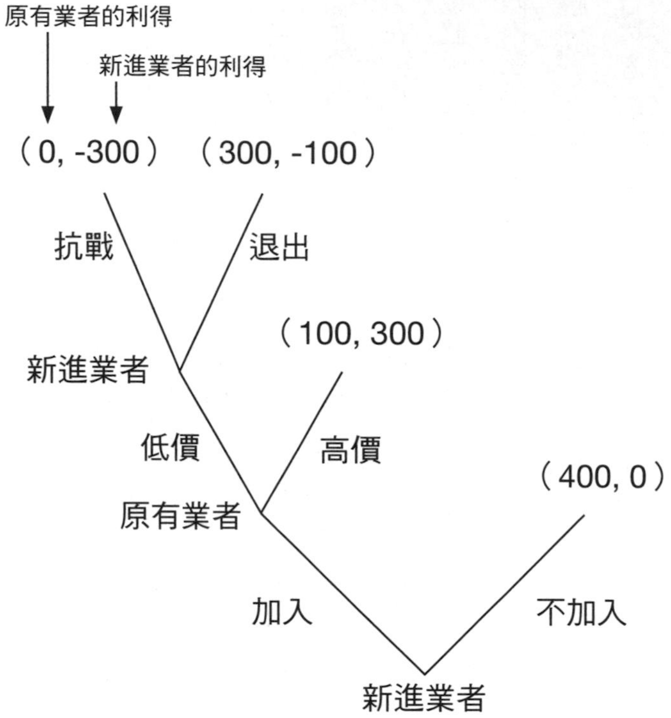

圖 3-6　阻止新進業者的賽局分析（黃金航線）

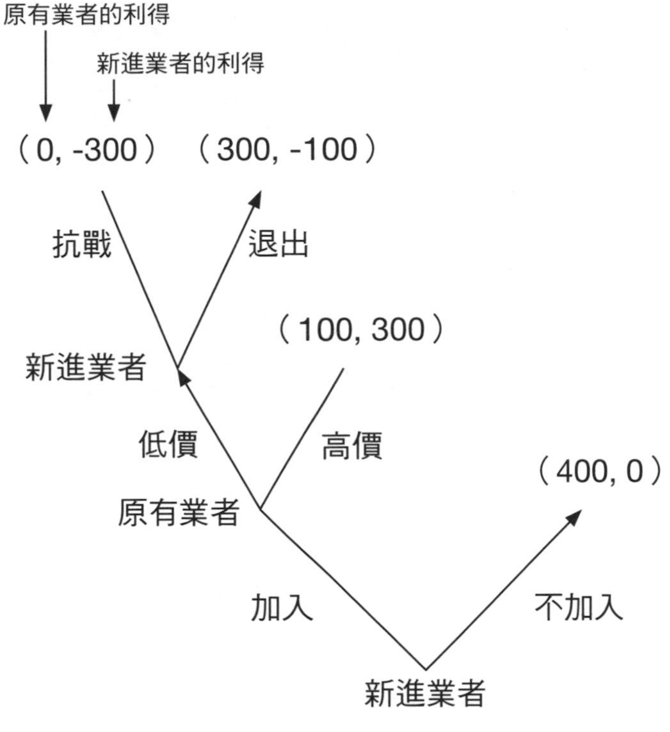

圖 3-7　阻止新進業者的賽局分析（黃金航線）：新進業者的決策

和羽田的航線，或許就商業模式來看可行。原本這麼做也未必不會招來大公司的反彈，不過，關鍵很清楚。大公司若是要打價格戰，正面交鋒將很困難。為了避免這種情況，必須找出利基市場。牢記這兩點，成功的可能性就能大幅升高。

如果不是經營黃金航線，而是投入利基航線會怎麼樣呢？首先，如果是利基航線，應該不需要像「千歲—羽田」這麼龐大的資金吧？據說AIR DO所租借的波音767多達兩百八十個座位的大型客機，一天需要三百萬圓的租賃費用。西南航空剛開始經營時，使用的是一百八十多個座位的波音737，相較之下，AIR DO光是燃料費就相當驚人。如果是利基航線，波音737中的便宜小型機就足夠用了，可以預期燃料費支出也能大為節省。

市場規模小就意謂著利潤也會較低，然而如果退出市場時，連一開始投入的資本也血本無歸，就這點來看，相對損失更大不是嗎？反過來說，留在市場上所花的費用，如果能以相對少額就達成目標，那便是優點。

圖3-8是衡量這些狀況後加以修正的賽局。在這個狀況下，新進業者即使遭到

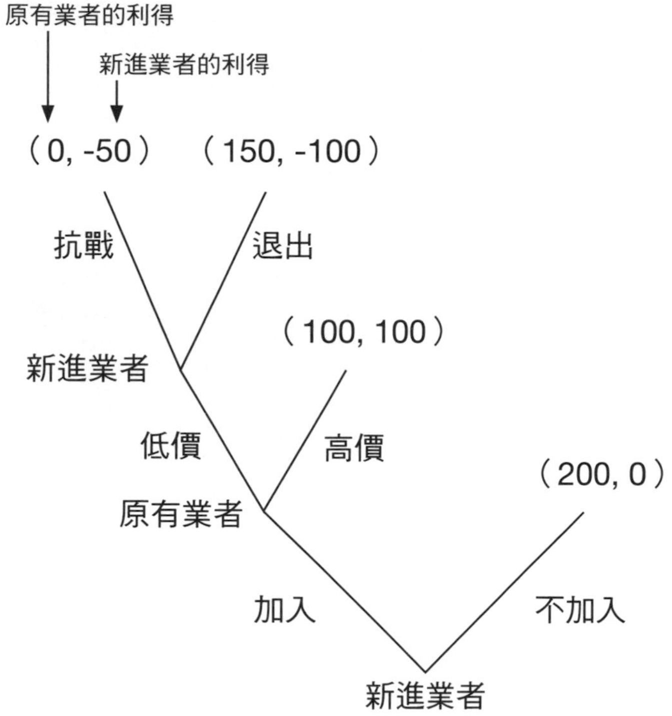

圖 3-8　阻止新進業者的賽局分析（利基航線）

原有業者採低價攻勢競爭，與其退出，失去投入資本，不如繼續抗戰讓損失縮到最小，反而才是上策。看清這一點的原有業者，或許就不會採取低價策略，又或是就算採取低價攻勢，也會在發現無法阻擋新進業者進入市場時，停止攻勢。要是能夠看破這點，「進入市場」就會是正確策略。

沒有夢想的話，究竟是為什麼經商？為什麼工作呢？與其為了什麼都不做而後悔，還不如做了之後再後悔，在夢想與實現可能的夾縫間盡情煩惱、滿懷挑戰精神是人類的特權。不過，為了能繼續做夢，還是有必要具備解讀對手的能力。就是因為沒有學到天下三分的計策，採取猶如小國直攻超大強國首都的行動，AIR DO才會為這個教訓付出龐大的學費。

4

古老摺紙勝於圓規？

傳統產業的生存之道，與時俱進的智慧

過年、節分、七夕、七五三，日本人對於傳統節日的重視不輸給外國人。然而，這樣的傳統文化在走向國際化中漸趨式微。傳統對於進步發展並不是只有阻礙，傳統也有可能在國際化的經濟中成為日本的「強項」？又或是傳統只是在我們感受到鄉愁的同時逐漸走向滅亡的危機呢？

摺紙，日本傳統文化之一。我很喜愛摺紙兼具造型與幾何學的美感。裁成正方形後，不使用剪刀、漿糊這一點，也讓我感受到講究的美學。

其中，有個使用摺紙表現數學的部分我非常喜愛。那就是運用摺紙來將角度

分出三等分。這實在是很厲害。我們在學校時，老師教我們西方的製圖方式，一定要用圓規和尺才能畫出任意角的三等分，受到西方思維洗禮的我，也認為理所當然。

但是，摺紙不一樣，輕易就能摺出連西方傳統製圖也極難做到的任意角三等分。這實在很令人激動，我認為想出這個方式的人——如果找得到的話——甚至應該頒贈諾貝爾獎或費爾茲獎（Fields Medal），又或是京都獎[3]。

我在本書說明了摺法，希望你能找一張紙，親自嘗試看看。以日本摺紙打破西方邏輯思維做不到的事情，出人意表，猶如呈現了日本傳統社會的出色之處（見圖3-9）。

傳統仍在企業社會中呼吸著，野村進在著作《一千年的志氣：不被淘汰的企業競爭力》中，提到日本是全世界屈指可數的老店社會，超過兩百年歷史的公司、商店大約有三千家。相形之下，中國九家、德國三家、韓國連一家都沒有，歐洲老店最多的德國，也只不過八百家。大阪甚至還有從飛鳥時代持續到現在的公司，是全世界歷史最悠久、最長壽的公司，那是一家以建蓋寺廟、神社而成立的「金剛組」。該公司強韌的祕訣，列出的三項關鍵有「適應力」、「本業力」及「包容力」。

適應力，就是能夠因應時代需求，製造新東西的能力。即使是新商品開發速度幾乎達日新月異的手機，也有些不可或缺的零件是由超過一百年歷史的多家貴金屬相關老牌企業製作。比方說，手機摺疊彎曲的部分，是由京都創業三百年的金箔店利用原本經營金箔店的技術製作而成；手機一定要有的震動功能，製作微型馬達內特殊超迷你電刷的，是在東京日本橋經營貨幣兌換的百年老公司；而手機的核心零件收發模組，則由神奈川的老店企業開發，是持有國際專利的零件。然而，本業力也很重要，容易偏離本業的多角化經營，正是老店的陷阱。

3　一九八四年設立，頒發給在科學、技術、文化等領域有重大貢獻的國際獎項。由稻盛和夫設立的財團法人稻盛基金會負責頒發京都獎。

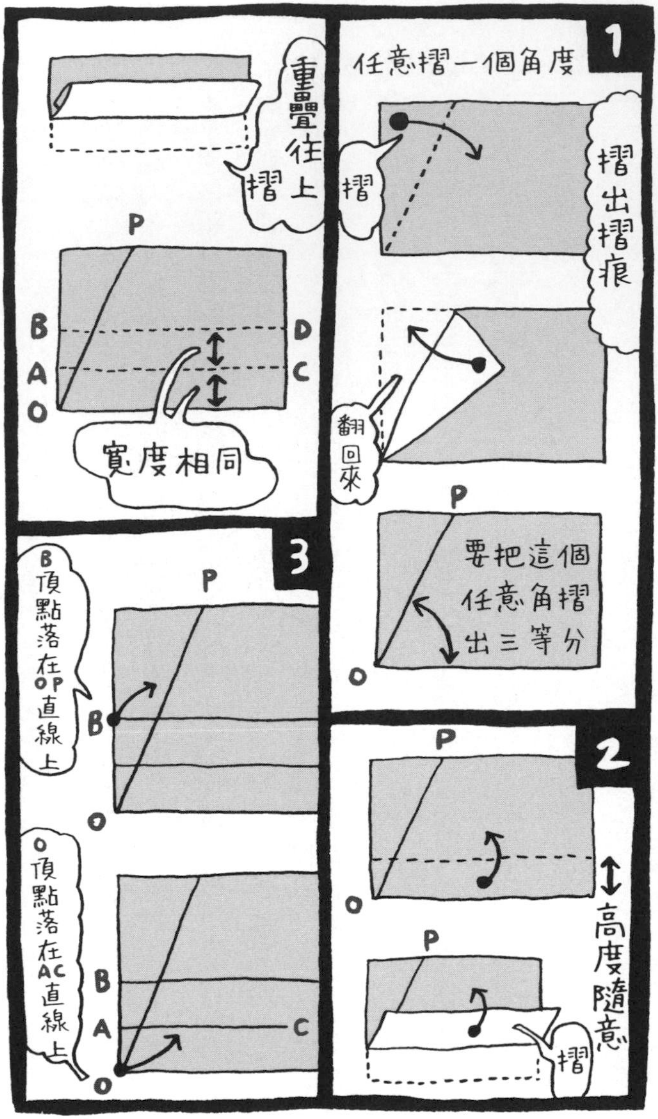

圖 3-9　以摺紙把任意角分成三等分

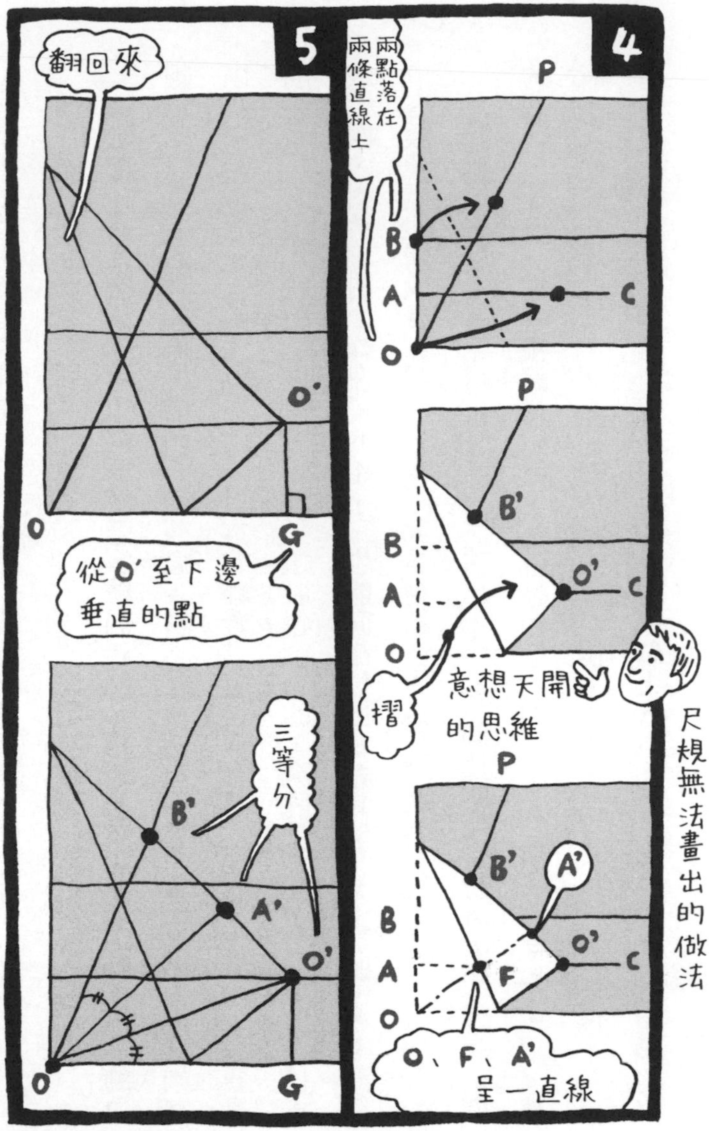

※因為△OA'B'、△OA'O'、△OGO'的三個三角形相等，所以∠B'OA'、∠A'OO'和∠O'OG也相等。

前面所提的手機使用老店製作的零件案例，也是因為老店堅持貴金屬加工的本業，所以才能歷經長久時間，屹立不搖地生存下來。

那麼，為什麼日本會有這麼多老字號的店舖？相對於華人社會有「無能的血親也比有能力的外人值得信賴」的觀念，日本社會則有「兒子沒得選，但女婿可以挑」的俗諺。包括大阪在內，日本的社會具有包容力——即使是外人，只要是前途看好的人才就願意提拔。而推動這股包容力的，或許就是職人氣質。在日本或德國，對於沒有血緣關係的弟子，也能同樣付出心力栽培，不被血緣束縛而給予客觀評價的職人氣質習俗，或許就是維續老店長久經營的力量。

話雖這麼說，近年來日本社會或日本人，在師徒之間、經營者與僱員之間的關係，卻有一道「柵欄」阻斷，那就是西歐的個人主義（Individualism）。然而，人們無法靠自己一個人獨力活下去，在個人主義之下，不是只有「個人各自肩負自己責任」的問題，也需要避免走向「眾人各自為政、淪為一盤散沙」的努力及工夫。在西歐，尤其是盎格魯—撒克遜模式的個人主義，重視個人為一個單位的同時，也設法努力個人與個人連結。但日本人所學到的表層個人主義，卻理解為自我與社會間的模糊地帶推卸責任的理由，當人犯了什麼過失的時候，不是道歉、再交由周圍的人檢查錯誤並處置，而是把責任推諉給他人，怪罪旁人。

忘了人與人之間的關聯，陷入解讀錯誤的個人主義，老店就僅止於歷史長久而已。曾經鼎沸不絕的老店，因為食安問題而讓消費者感到失望的，應當不僅是食安問題本身，而是事件被揭發後，經營者把責任推諉給第一線的從業人員，令人更覺得心寒不是嗎？在經營者、從業人員、顧客，甚至競爭對手組成的社會下，老店是如何經過長久磨練、受到支持而存活下來。忘了這個根本，成為一個不把他人放在眼裡的經營體質，老店就只是名存實亡的「殭屍」了。

一如我們在老字號店鋪或傳統藝術世界中可以看到的，日本是一個不依靠契約來建立人與人之間，或人與社會之間的關係，而是自然形成並加以運用的社會。這個社會的優點，以賽局理論也能證明。在人與人之間長期有連結關係的社會，自我約束有助於削弱連結關係的背叛，或降低那些會使評價下降的行為誘因運作的可能性。即使現在能獲得多一點利潤，一旦對方發現遭到背叛，交易對象或社會的「反擊報復」，將會導致失去未來的利得。

這個思維並不是只適用於老店。過去曾擔任商工組合中央金庫公關部的上島部長，就曾告訴我以長期關係為主軸的地域密集型金融優點，有別於大企業，對於資訊公開不充分的中小企業融資，長期關係在中間就扮演決定性的重要任務。以賽局理論來說，由於重點關係及資訊不對稱的問題，要區別優質企業或非優質企業很困難，但是透過長期建立的關係，就有可能比較能掌握融資企業對象實際的情況。對於優質企業提供較優渥的條件融資，也是雙方樂見的狀況。

針對這個部分再進一步說明。這次用來說明的是囚犯困境的變形版。

假設某一家店和客人建立長久的交易關係。也就是老店和老顧客。這家店因為一時利欲薰心，賣了品質較差的商品，所以獲得較高利得為3。然而，後來因為被顧客發現了，所以顧客再也不上門了。假設不實買賣一次就被發現時，這家店今天利得為3，明天以後的利得就只剩0，也就是說利得變成：

3、0、0、……

相對的，若是持續保持高品質，顧客繼續來店購買，店鋪的利得就是：

1、1、1、1……

真正能夠放眼未來的老店，該選擇哪一個做法顯而易見。信用這件事，絕不會受古老的傳統所束縛，其背後必有潛藏著它的道理。

不需要搬出經濟學來證明也能知道，和他國企業做一樣的事不會有利潤。此刻，全球局面正轉為國際化，日本卻日趨沒落，或許正是時候重新檢視日本強項——打造人與社會的連結力。

前幾天我去了位於本鄉的一家摺紙會館，發現會館內的外國人比日本人多。現在相撲的上位陣容也幾乎是國外的力士。很可能在不經意間，都變成外國人在傳承日本傳統文化之美了。

圖 3-10　店舖及顧客之間的買賣關係

5 看得到臉的競爭

良性競爭有利於激發更大的進步

如果看不到競爭對象的臉，我總是提不起勁。念小學時，不論到哪裡，總是有比自己成績好的人，因為並未感受到競爭意識，所以沒有幹勁，或許也有可能是我對成績不感興趣。事實上，高中升學考時，最辛苦的是明明成績不好，因為身邊沒有同儕讓我感到有敵手的刺激，始終沒有激發我想要用功讀書的念頭。考大學時，我在班上的成績大約落在四十名上下，別說敵手了，簡直就像被一群艦隊超前，就另一層意義來說，同樣激不起想用功的鬥志。

讓我真正開始有心想發憤圖強的時機，是在大學經濟學院四年級。當時我就讀的大學經濟學院有研討班制度，經濟學院的大三、大四生多數都會加入（隸屬）某個研討班。這就像是自主挑選的迷你班級，受歡迎的研討班還必須參加面談等選拔。其中也有強者不只參加一個人氣研討班。當時號稱集中最多優等生的是根岸隆[4]研討班。我加入的則是當時還年輕，對學生要求十分嚴格的伊藤元重[5]研討班。

多數學生都是大三、大四待在同一個研討班，其中也有人在大四的時候加入其他研討班。在根岸研討班上堪稱一枝獨秀的飯田同學，不知基於什麼原因在大四時加入伊藤研討班。伊藤研討班十分要求積極發言與討論，飯田同學溫文儒雅的模樣及流利清晰的言談論述，猶如我在高中時期所想像的《三國志》主角諸葛孔明。我還記得自己當時幾乎對他佩服到五體投地，深感自己不能再混混噩噩下去。大三時我還在高中足球社團擔任教練，沒花太多心思在課業上，當時突然卯起來用功，連朋友都說「松井你變了」。飯田同學後來成為政府官員，我則往學者的路線前進。雖然我們前進的道路不同，但我對他懷著的敬佩之心到現在依然不變。

因為上述緣故，我在大四階段才遇見激發我努力向上的朋友——前面已經說過，比我用功的人在這之前多到數不清，但是，也許有人曾有相同的大學升學經驗，要考進名校時參加的是全國統一考試，說起來這就是看不見他人臉孔的競爭。以經濟來說，就像是市場上的競爭吧？

但是，如果是都市的升學學校，情況就會有些不同了。一年有數百個學生能考上東京大學的高中，對他們而言，想看清身旁有哪些競爭對手輕而易舉。不同於其他考生茫然猜測考場上有哪些看不到的對手，他們能在準備考試期間看見對手的一舉一動。這些東京大學附屬高中的學生，清楚在同一個班上自己的表現如何，也能了解自己的實力；明確知道競爭對手是什麼樣的人。像這樣的競爭，是

4　根岸隆，日本知名經濟學家，專長為經濟理論和經濟學史。曾獲瑞寶重光章、文化勳章表彰。

5　伊藤元重，日本經濟學家，東京大學經濟學研究所教授，專長為國際經濟學、個體經濟學，也是安倍政權之經濟財政諮詢會議成員。取有美國羅徹斯特大學經濟學博士學位。

看得見臉孔的競爭，以經濟來說，是在狹小的組織內進行競爭。

和美國相較之下，在日本包括下游企業間的競爭，看得見臉孔的競爭相當地多。

看得見臉孔的競爭有幾個特徵。一是具有強烈的排名競爭特質。和全國對手競爭時，誰是第幾名可能不是那麼令人在意。日本用來判定學力高低的偏差值[6]分數究竟落在哪個位置，或許會成為用功意願的泉源。順便一提，讀書是為了自己的樂趣及提升，而不是為了偏差值。聽到這個說法，成人會覺得相當了不起。我還在讀高中時，考試讀書單純是為了進大學的手段，聽到大人嘴上說得漂亮，其實並不以為然。

看得見臉孔的競爭的第二個特徵，是因為能看見競爭對象，所以會提高幹勁。對我而言，重要的是這一點。眼前的某個人比我優秀的事實，所帶來的衝擊遠遠大於連見都沒見過面的陌生人。所以能看得見臉孔的競爭，原本就比看不見對手的情況更能促進切磋琢磨。

第三個特徵，在看不見臉孔的競爭中發揮作用的是「**脫離**」，看得見臉孔的競爭發揮作用的則是「**發聲**」。〔引自赫緒曼（Albert Hirschman）《叛離、抗議與忠誠》（*Exit, Voice and Loyalty*）〕。比方說，在某個城市有一百家餐廳，而顧客有一萬人。顧客可能會去這一百家店到處吃看看，找出自己喜愛的店。這時候，如果料理難吃或服務很差，不知不覺顧客就會流失了，這就是「脫離」機制，也就是顧客透過不去店裡消費來進行無聲的抗議；另一種情況，假設這一百家店各有一百名他們的忠誠顧客。在這個情況下，顧客未必會換成到其他店去消費，而是對餐廳的口味或服務提出要求，這就是「發聲」機制。顧客沒有更換習慣消費的餐廳，而是直接抗議以促進改善。

「脫離」是透過市場改善，「發聲」則是透過組織的交易來督促改善。哪一

6 學力偏差值，是一種教育統計的理念。在日本以偏差值來表示學生的學習能力，適用於日本高中職學生的學力推估，可換算出排名成績。通常偏差值越高，就代表考取這所大學的學生能力越強。

種做法比較好應該視情況而論，不必要偏向一方市場，有時採取看得到臉的競爭的作用也會有效。

以下面這個例子想想看吧！對於被時間追著跑趕印刷作業的報社來說，印刷過程中使用會破損的紙張，耗損太大了，因此報社通常傾向跟多家紙廠購買印刷的紙張，因此促進了紙廠之間的競爭。由於這是長期競爭，就算短期內表現突出，長期平均下來未必有利，一時瞞得了報社也幾乎沒意義，因此各家紙廠都具有強烈誘因去努力開發不易破損的紙張。因此，長久下來對報社這客戶有誠信、能夠開發出好的紙張，和其他公司競爭也沒問題，而成為一家優質紙廠。

能看得到臉的競爭，就挑起競爭的一方來說，有許多符合期望的好處。一是透過更多競爭以控制報酬。業務員的營業額競爭，除了因應當時營業額的報酬之外，還有表揚業績最佳的人，基於打開升遷的可能性，今天的勝利也可能帶來明天的勝利。比單純的業績抽成制度更能激發想努力的動機不是嗎？而且有別於看不見臉的競爭，時常能看得到臉的競爭是長期競爭，一時扯後腿的效果很小，而且負面行為容易被揭發，所以即使在競爭中也容易培養出相互合作關係的基礎。

稍微換一下話題，父母很囉唆時，也可以從「脫離」及「發聲」原理來說明。無法使用「脫離」選項的父母，只能運用「發聲」來督促子女改善。說起來，本來父母對於不用功的孩子說「認真點！」就沒什麼效果。所謂「先從隗始」，父母應該先建立榜樣，但不用我多說，如果孩子真對父母這麼說就太冒犯了。

當太太過於囉唆叨嘮時，也是同樣的原理。感嘆著太太明明婚前那麼嫻靜溫柔的男性，根本就不了解男女之間婚前婚後的策略關係。雖然可以離婚但成本很高，而男女朋友只要一句「抱歉」就可以分手，就是因為擁有「脫離」的選項。婚後對方會有多大的轉變，只有天知道，不過婚後才變得溫柔賢淑這種情況史無前例，從這方面來看，其中應該還是有一定的法則。可以說戀愛也是學問研究對象的佐證。

第四章

社會篇

1 真相是由眾人意見創造而成

貨幣交易：當大家認為有價值，價值就因應而生

日本都會區的地價，隨著市中心越往外圍地價越低。另外，距離車站的遠近及交通條件也會讓地價不同。但就整體傾向來說，距離和地價之間幾乎呈線性的關係。相對的，美國主要都市的地價則相當不同，真正的都會區地價高是可以理解的，偏離市中心後急速下降，但再到更遠的郊外，則又再度上升。而且，之後又一路朝著田園地帶下滑。另外，車站附近的地價不一定比較高，反而還有便宜的傾向。

比方說，從全美第五大城市費城的市中心開車往西前進，摩天樓圍繞公園的

景色一變，周圍盡是沒有綠地的灰褐色屋子或較低矮的大樓。這裡大多是黑人或拉丁裔美國人。從這裡再稍微往前走，有如綠腰帶般的公園和小河，可以看到對面林立著有著鮮亮草皮的郊外住宅。被稱為「Main Line[1]」的這個地區是以車代步的社會，路上幾乎看不到什麼行人。而且，郊外的小型超市裡，除了偶爾可見一些東方臉孔之外，幾乎都是白人，在這裡不會遇見黑人。中高階層的白人與其他人之間，壁壘分明。

就算是黑人當中的有錢人，也不會居住在郊外的白人住宅區，這是為什麼呢？要找到官方統計有點困難，但聽說房東或不動產公司基本上有避免把「白人住宅區」的物件租借或販賣給黑人的傾向。這是為什麼呢？因為一旦有黑人居住，地價就會下跌。

結果很諷刺的，白人與黑人所居住的地區，黑人支付的房租費用比白人支付的房租約高了七、八％。只要房東能多收到七、八％的房租，就算讓黑人住進來而使得不動產價值下降，也值回成本吧？

那麼，為什麼有黑人住，地價就會下降呢？想到的可能理由是：白人不想和黑人住在同一個地區，只要有黑人，當地房屋的吸引力就會減少。而且，就算是對黑人沒有偏見，也會發生這現象。

現在假設白人對黑人完全沒有偏見。他們在意的只是自己住的區域與手上擁有的不動產，又或是不動產公司在意的只是他們經手的區域地價動向。即使是這樣的狀況，避免出租或賣給黑人房子也是有可能的，那是因為每個人都認為「只要一有黑人住進，地價就會下降」。假設多數白人都認為「只要一有黑人住進，地價就會下降」，這時候，實際上一有黑人開始住進來，地價就會下降。因為對於被預測地價會下降的不動產，還願意支付原本高額對價的人變少了。

相反的，當大家都認為價值上升時，實際上的價值就會上升。不動產開發的

1 費城主線區（Main Line），它位於賓州前鐵路公司曾經享有盛名的鐵路主幹線上，從費城市中心西北方向延伸，因而得名。主線上包括該國一些最富有的社區，居民富裕，生活標準高。

成功與否，就是取決於像這樣多數人的預期。紐約出生的不動產大亨唐納・川普（Donald John Trump），他的父親只是個房地產開發者，但川普卻大大發揮他在土地開發上傑出的才能。他以相對於區域單價的低價，買下地價低的土地及住宅，稍加整修後再高價出售。一般認為不是太看好的區域，只要變成還算受歡迎的區域，之後不費吹灰之力就能獲利。他沒投資太多金錢，換句話說，他並未冒過大風險就成功賺到大錢。事實上，當他還在大學時曾有過一個驚人的案例，他透過父親的公司經手某個集合住宅，把價值五億日圓的集合住宅增值到十億日圓。

當大家都認為有價值時，價值就因應而生。實際上這個看似不可思議的現象，就發生在我們生活周遭。怎麼說呢？為什麼我們會開心地收下印有「壹萬圓」字樣的紙片呢？那是因為我們可以使用這個寫有「壹萬圓」字樣的紙片，用來購買我們想要的東西——也許是遊樂器或衣服等物品。為什麼能買得到呢？所謂的購買行為，也就是我們把紙片交給對方，換來遊樂器或衣服。換句話說，一定也要對方開心地收下我們給他的紙片，願意把遊樂器或衣服交換給我們才行。那麼，為什麼對方會樂意收下紙片呢？那是因為還有許多其他的人願意收下這些紙片，跟我們交換其他的東西。並不是因為人們喜歡印在紙上的福澤諭吉，而使得紙片產生價值，是因為其他人也願意收下來，這些紙片才有價值。

要證明紙片價值的理由，證據就是當你去其他國家把這些紙拿給對方時，對方只會露出莫名其妙的表情，什麼也不會給你。這不是因為對方不認識福澤諭吉的關係，而是因為在其他國家，沒有人會收這些紙，所以對方當然就不會收下你的紙片。反過來說，到了其他國家，就算不認識當地使用的紙片上所印刷的人名，只要知道紙片的使用方法，想要什麼東西時，交給對方當地使用的紙片就可以了。雖說在語言不通的國家，也一定要注意紙片的面額，否則一不小心口袋裡就囤積大量銅板。

這時可能有人會說錢是基於法律而產生價值，所以我再舉一些例子來說明。

我很喜歡探訪遺跡。為了撰寫有關希臘的書籍，我曾特別以取材旅行的名義，到土耳其及希臘的愛琴海沿岸各島去探訪。停留在土耳其遺跡附近的庫沙達瑟小鎮時，我帶著在伊斯坦堡阿塔圖克機場換的土耳其里拉，但不論到哪裡，都可以使用美金或歐元。換句話說，當地人願意收。而且一算之下，交換的匯率比在機場把美金換成土耳其里拉更好。一問之下，才知道他們也收日圓。原來這個地方現在是愛琴海的濱海度假城市，來訪的觀光客絡繹不絕，所以就算收了美金或歐元，不需要特地換回土耳其里拉也有地方可以使用，匯率也好得令我驚訝。這並不是土耳其政府訂定應當收受美金或歐元的法令，而是因為當地人願意收下。

許多社會現象都具有這類的特性。也就是說，某一種貨幣是否有價值、是否應該向黑人收取更高的房租，都是基於多數人如何判斷。所以說，真相是由眾人的「意見」創造出來的。

2

我不入地獄，誰入地獄

越多人越容易責任分散！從賽局分析偷懶心態

「有誰知道答案，請說明一下！」任憑在台上喊破了喉嚨，台下照樣鴉雀無聲，有這個經驗的老師想必很多吧。而且在人數多的課堂比人數少的課堂，這個傾向更為明顯。舉個極端的例子，如果進行一對一的課程，問對方「知道答案嗎」，幾乎不會遇到毫無反應的狀況，至少對方會告訴你「不知道」吧？另外，如果發電子郵件給學生，詢問他們「有誰願意幫忙嗎」，大家多半會認為「就算我不做，應該也會有別人做」，以致於老師一直等不到回音。像我的研討班那樣，大家熱烈回覆「我！」「我！」「我！」的狀況可以說反而是例外（有關研討班的主題，請參考第三章第五節）。

這種情況換作是工作，就有點麻煩。沒有特別指名而要求「誰來幫忙一下」，結果就是沒人做。如果是軍隊裡的崗哨，沒有特別指名誰去站崗，而大家疏於防守時，可能導致敵人夜襲，豈不是很危險？

明明有那麼多人，卻沒有人要去做，是為什麼呢？社會心理學家拉丹（Bibb Latane）等人則提出，正是因為有許多人在場，所以才會無人挺身而出。他針對這個現象進行了一個實驗。

他們找了超過一百人的大學男生，進行一個聲量測試的實驗。他們先將參加實驗的人分為四人一組，騙他們實驗目的是「透過遮蔽感覺，團體的聲量是否改變的實驗」，接著讓他們戴上眼罩及耳機。然後告訴他們接下來分別會單獨一人、兩人或四人同組，要他們盡可能大聲一點，接著給予以下的其中一個指令。

一、錄下所有人的聲音，以電腦測量聲音強度。因此，團體測試時不會測個別的聲量，但是一個人單獨被叫到時，就會測出個人的聲量。

二、錄下所有人的聲音，以電腦測量聲音強度。因此，每個人個別的聲量及團體測試的聲量都會被測出。

接著，不管是接收到哪一個指示，參加實驗者都發出了聲音。而且實際上就算是告訴他們是四人一組時，他們也會一個人發出聲音。

在實驗一中，比起單獨一人時，受試者在兩人一組的聲量表現會降到原本的八〇%，四人一組降更多。而在實驗二，即使在團體中，受試者也沒有發生偷懶的狀況。

拉丹就這個實驗結果提出責任分散（Piffusion of responsibility）的理論。社會心理學往往對於一個現象傾向以一個理論去解釋。賽局理論則是將它極度單純化，將各種不同現象（雖然也會加上情感等其他因素）從計算利害得失的觀點去分析。因此賽局理論是極廣泛的分析手法，可以解釋形形色色的社會現象。系統性地理解事物，才是賽局理論最重要的價值。

賽局理論的假設是，人總是無時無刻在計算得失。我們就以軍隊的崗哨為例來看吧！現在以夜裡清醒屏氣凝神的努力視作成本1來計算。另一方面，要是大家站崗有所疏忽，夜裡被偷襲就慘了。因此若是沒人站崗，可能會沒發現敵人偷襲，這個偷襲的成本假設是2。這裡注意一下，沒發現偷襲的成本比站崗的成本大，然後希望你思考一下，參考前面拉丹的實驗一和實驗二條件，思考士兵全神貫注站崗的可能性。

首先是實驗一的狀況，也就是無法測量個別努力的狀況，表4-1呈現出這個情況的「自己」之利得狀況。

假設在這個狀況下，大家採取相同行動時，可以得到穩定的解，也就是均衡。首先，當崗哨只有自己一個人時，沒發現偷襲的成本高於站崗的成本，因此可以得到「一定會清醒站崗」的結論。

接著想一想，如果是除了自己，還有另一人在場的情況。這時候，自己和對

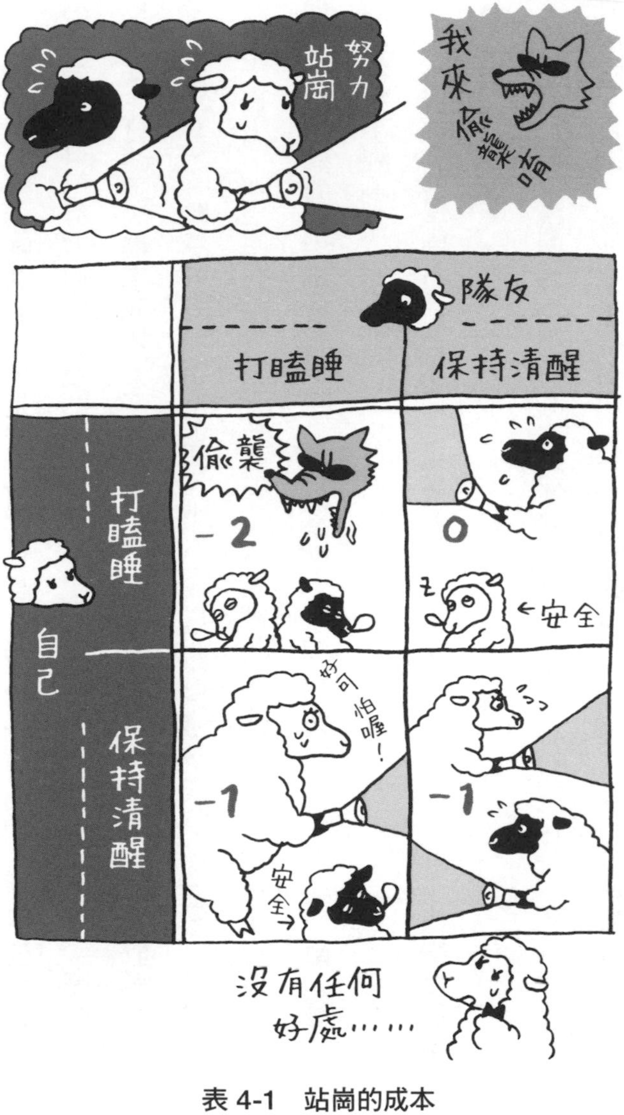

表 4-1　站崗的成本

方都會猶豫著另一個人是否會保持清醒，所以假設睡著的機率是P，來思考一下。因此，當對方睡著的機率是P，自己也睡著的話，利得的期待值就變成-2P。另一方面，自己努力站崗通報的利得始終是-1，所以兩者相等時就是均衡。因此可以得知，打瞌睡的機率就是1／2，這時兩人都睡著的機率為1／4，能取得正值（不會變0）。雖然人數由一人增加為兩人，但反而可能發生兩人都偷懶的狀況。

事實上，在這個狀況下，人數越多，不光是個人清醒的機率朝向0縮小，其他人保持清醒的機率也跟著下降。也就是說，增加崗哨反而使士兵發現敵人偷襲的可能性下降。

大家都有著「就算自己不做，也會有某人去執行任務」的算計，使得團體本身的表現也下降。

順便一提，這個賽局還有其他均衡狀況，那就是只有自己保持清醒，而隊友打瞌睡。這時，彼此都是針對另一方的行動採取最佳策略，在這個情況下，雖然能防止整體的表現下降，但即使特別增加崗哨也沒有意義。因為就算增加人數，結果認真工作的人還是只占一部分，相信許多人應該都有過這樣的經驗，用賽局理論就能清楚說明了這些打混摸魚者的行為。

3

想跳出框架的歸國子女

標準答案外的正解

大學時我曾經打工擔任家教。我任教的兩個家庭中，其中有一個學生是歸國子女的女兒。她是一個擅長自主思考，也能清晰表達意見的聰明女孩，但剛開始因為她還不習慣日本學校的課業，我常聽她不斷抱怨在學校上課的事。就她的能力來說，她認為不擅長的數學，反而出乎意外地容易教，因為我們能一起想出解題方法。

麻煩的是英語和國語。她的英語發音比學校老師更標準，又熟知日常生活中英語的實際運用，所以就小看了日本課堂上的英語，不怎麼用功。但學校考試的題目是以文法為主的教科書英語，所以她考得很差。有一次她拿來升學考試的考古題要我寫，她說：「請作答！」便開始計時，我只好寫完考題交卷給她，接著她拿起紅筆打分數。打完分數後她盯著答案好一陣子，才逐漸願意用功。開始用功後，因為她本來就有基礎，成績很輕易就提升了。

不過，國語課更慘。題目問的是作者寫該篇文章的用意，她寫的卻是自己的意見。其實，這和我求學時期的情況也差不多，我的國語成績總是低空飛過，因此考大學時才會選理科。

話雖這麼說，收了錢的家教總不能說一句「沒辦法」就算了。因此我想到的辦法是「GE－GO作戰」。日本的國語測驗傾向壓抑考生的想法，強迫考生去思考「標準答案」。用這樣的問題來測試自己的能力，似乎更容易感受到壓力，因此我的作戰方式是把這樣的壓力轉化「GE－GO」形式，也就是如同收服寶可夢的遊戲般，把「迎合出題者」的想法趕到一邊，透過通關密語去理解出題者對象的心理。這個作戰方式達到了成效，女學生很開心地喊著「GE－GO！GE－GO！」，興致勃勃地理解對手玩家，也就是出題者的用意。成績因此有明顯進步。

☆☆☆

看在歸國子女眼裡，日本教育是一個奇異的景象。日本教育對學生有強烈塑造符合框架的傾向，因此讓歸國子女有異樣的不適應感。我也很納悶日本小孩實在很能忍耐，竟然可以在這種情況下用功讀書。有人說這種服從忍耐的特質，並不是世界共通的特性，而是在日本出生長大的人才有的特徵。

根據和辻哲郎的古典名著《風土》，具梅雨和颱風特性的季風型氣候，對日本人的氣質產生巨大影響，時常侵襲的颱風威脅雖然很可怕，但就像颱風過後一口氣消除缺水問題般，大自然帶給我們威脅的同時，也為我們帶來活下去的生機。對於事物採取包容忍耐的日本人氣質，或許就是從此而來。

相對之下，對沙漠地帶的人民而言，大自然會帶來「死亡」，為了逃離，他們必須到處流浪尋找草地和水源。由於水資源太過稀少，人們和其他人容易形成對立。中東民族的戰鬥性格據說就是根源於此。另外，牧場之民的歐洲人則對自然抱著可以隨心所欲掌控的觀點。

就帶給人們極大影響這個部分來看，自然的力量很近似社會的力量。這裡所指的社會力量，是習俗、公權力，以及學校、公司等難以靠一個人改變的力量。在中東地區，各部族之間的抗爭從未休止，強者建立了霸權後，以強權控制各個部族，然而當強者死去，國家就會再度陷入紛亂，反抗霸權。相對的，西歐各國對於由人民主導政府的意識根深柢固，這種理念型的民主主義觀念的萌芽，也未必和風土毫無關係。

再回頭看日本，日本人從過去對大自然，或是對權威、權力都同樣抱持順從的態度。遵從帶給我們知識的老師、給我們工作的公司，以及建立秩序的習慣。即使有時覺得有錯，也很難直接表達意見，因為無法在檯面上說出自己的意見，所以好朋友或同事聚集在一起，就成了互相發洩怨言的集會。

老師培養出只會囫圇吞棗的學生，在不知不覺間扼殺了學生獨立思考的能力，我認為出題方式是一個很大的問題。老是出只有一種標準答案的考題（改考卷或許比較輕鬆），卻扼殺了學生找出個人獨特解答的欲望。比方說，即使是答案幾乎是確定的算術問題：

1＋□＝4

□＋□＝4

這兩則計算問題所填入的答案就會不同。後者的問題除了「1」和「3」，「2」和「2」也是正確答案，再大一點，或許就能明白「-1」和「5」也是正確答案。甚至「4-X」和「X」也都是正確答案。第一道問題只有一個答案，沒有任何延伸性，但第二道問題卻隨著不同學習階段，能使答案不斷擴展。

即使是國語課，也有同樣問題，並不是一套能讓孩子找出獨特思考答案的教材，而是在培育只會找出「標準答案」的孩子。只有一個標準答案的情況下，當答案揭曉時，孩子只能點頭稱是，以這個做法教出對「標準答案」順從的孩子。

當社會誕生新事物時，這個態度就會演變成大問題。在「歐美的做法才是標準答案，而日本只需模仿就好」的時代，尋求一個「標準答案」或許較有效率。但如果日本想要達成高度成長，和歐美並駕齊驅，產生嶄新獨特的「標準答案」時，現在的做法絕對不是一個能令人指望的教育。

當然，有多重答案的問題可能不適合教科書、上課、考試等場合。但正因為如此，一個老師面對十個學生，對於出現形形色色的多元答案，仔細評分的工作能力更是必要。

再來，進入社會的溫順員工，為了公司犧牲私人時間，徹底奉獻。比方說，歐美國家很少有違反當事人意願、遠赴外地的職務調動，但日本人就如同服從徵召令般，一紙公文就配合調任外地，家人也只能無可奈何接受，要是有個別因素，家人無法同行，職員便只好單獨外派。

對於政府政策，日本人也多半採取被動的態度。西歐的民主主義，市民多數會參與政府的決策過程訂定政策。相對的，日本的民主主義則傾向希望政府為自己做些什麼，就如同祈雨的想法。

一旦成為習俗或規範的力量，就更加沒有模糊的部分，日本社會的規則、習俗、規範無所不在，包括婚禮、葬禮等服裝與禮節都規定得鉅細靡遺，連成熟的大人也會覺得緊張。

習俗有個很重要的特點是「因為其他人也都這麼做」。源自共同風土基礎上的人，一旦某些思維或行動確立為習俗，也就習以為常，即使不提及風俗民情也能理解。因為大家都這麼做，所以我也這麼做，只要觀察歸國子女就會明白，這並不是因為日本人的基因所致。

比方說，直到現在，日本人仍然根深柢固地認為「家事及育兒是女性的工作」，對於在外工作的已婚女性而言，這個規範導致的結果是，只要她們在家事的工作上稍微鬆懈一些，就會被外界投以負面眼光。如果不想承受異樣眼光，就得獨自扛起家事和養育子女的責任，最後只好放棄工作。因為不喜歡這種模式而遲疑不結婚的案例也相當多。

不用說，相反的，在外打拼事業的職業婦女身負也應磨練家事能力的規範下，家庭主婦即使也是辛苦為家庭付出，卻仍可能被認為缺乏上進心。

話說回來，受習俗束縛的問題，也不是只在日本發生。就連一向被認為個人自由確立的北歐國家，也有難以立刻看穿的規範束縛著人們。那麼，我就舉個例子說明吧！

有個從丹麥來日本的家庭。太太原本沒工作，卻回國生活了，她表示日本真好。問了她內情，才知道原來她承受到一股「應當回丹麥工作」的無言壓力。據說在丹麥，全職的家庭主婦得不到尊重，所以她一定得工作才行。我還記得聽到這件事很驚訝，但莫名地覺得可以理解。

另一方面，男性則因為是男性，受到「男性就得在外工作」的規範束縛。即使夫妻都有工作，家庭收入無虞的情況下，也很難當一個辭去工作的家庭主夫。

		妻	
		負責家務	在外工作
夫	負責家務	0, 0	1, 3
	在外工作	3, 1	0, 0

表 4-2　以前夫妻的婚後工作選擇

因為男人的自尊心也是一種束縛。無形的經濟規範束縛住人們的行為與情感。

賽局理論能夠把這類的習俗以相對簡化的觀點來分析。請看表4-2，這個賽局有兩處可達到奈許均衡，丈夫在外工作，妻子負責家務是一處均衡，相反的，由丈夫負責家務，而妻子在外工作也能達到均衡。就這個賽局來看兩者都能均衡，也就是「正解」。我們的社會運作這個賽局時，夫＝外、妻＝內的均衡較容易成立。

潛在結婚對象有在外工作和負責家務兩種類型，假設尋找對象前一定要進行這樣的訓練，那麼，人們會投資哪個部分呢？或者說，父母如何教育子女呢？

如果男性的訓練是「在外工作」，女性則必須接受「負責家務」的訓練才能找到對象。在過去，「不結婚」

		妻	
		負責家務	在外工作
夫	負責家務	0, 0	1, 3
	在外工作	3, 1	4, 4

表 4-3　現代夫妻的婚後工作選擇（幸福的雙薪家庭）

的想法尚不盛行，所以還不是一個被多數人考慮的選項，多數女性不得不選擇「負責家務」。

隨著電器產品普及、工作選項擴增，再加上都會區外食或外帶回家用餐的產業蓬勃發展，兩人「皆在外工作」的缺點減少，再加上不結婚的選項也逐漸被社會接受，外在環境使得賽局產生變化。

也許對某些夫婦而言，兩人都在外工作的好處對夫妻彼此都較高，因此就會形成如同表4-3的狀況，這個案例是兩人都在外工作而能滿足的幸福案例，要是現實生活也能如此，夫妻皆有工作所伴隨而來的問題也能消除，但現實往往無法如此美好。

常有的情況比較接近表4-4，這個賽局中，夫妻兩人都「在外工作」的好處並不是那麼大，像這樣的狀況，雖然

		妻	
		負責家務	在外工作
夫	負責家務	0, 0	1, 3
	在外工作	3, 1	2, 2

表 4-4　現代夫妻的婚後工作選擇（丈夫希望妻子辭職的案例）

妻子想在外工作，但一方面丈夫卻希望妻子能辭去工作，兩人之間就會產生緊張關係。

不論怎麼說，即使賽局和以前的狀況有所轉變而使得均衡產生變化，丈夫「在外工作」的刻板規範仍然無法輕易翻轉。

但至少賽局理論告訴我們還有其他「正解」，只要發現這點的人能增加，「丈夫負責家務，妻子在外工作」被視作理所當然的時代就會來臨。

☆☆☆

接下來談一下那個家教故事的後續發展。二十年後某一天，當時的女學生突然聯繫我。

老師您還記得嗎？我是那個數學很差，只有嘴巴特別厲害，有點狂妄的女生。現在我的手邊有一本老師寫的《市場中的女孩》。

她說現在正從事翻譯工作。當家教時，國語曾是我和她最頭痛的科目，如今我們竟然都在從事文字工作，實在很不可思議。我心想，她明明可以直接跟我說她的作品書名啊。我在網路上查詢了一下，買下她的書。是一本以專業主夫的生活為主題的小說，書中提出了「究竟什麼是男人、什麼是女人」的疑問。我想起以前那段教她英語國語比數學更辛苦的日子，想著那個「有點狂妄的女生」，我不禁泛起微笑。書名是我和她的祕密（而她並不知道我買了她的書），或許她也會在什麼情況下拿到本書，所以我就藉這個機會在這裡回信給她吧！

是的，我當然記得！

因為妳是讓我傷透腦筋而成長的第一個學生。

4

以手語交談的小島

多數派與少數派如何建立共通基礎

雖然常有人說，孩子小時候的語言學習能力最佳，但我的經驗卻完全相反。年幼的孩子語言喪失的能力也很高。小時候被帶去美國生活的我，才半年的時間就把日文忘光光了，回到日本時所遇到的第一個困擾，就是在幼稚園聽不太懂大家在說什麼。為了追上這段差距，暫且不提我花了半年以上的時間，最令我懊惱的是英文能力也沒保留下來，不到半年就忘得一乾二淨。

所謂的「bilingual」，是指那些精通雙語有如母語的人，但這樣的人畢竟占少數，精通三國語言的「trilingual」更罕見。以前曾有笑話說只會一國語言的就是美國人，但在美國某個島上，其實長久以來一直不可思議地存在雙語制，這裡就稍微談一下那個島上的事情吧！

瑪莎葡萄園島（Martha's Vineyard），是美國東海岸麻薩諸塞州外海的一個島嶼。一六四〇年代北部開拓者從對岸的鱈魚角遷移到這裡居住，以農、漁業為主要維生，生活水準並不是很高。這個與外界隔離的小島，有個外觀看不出的特徵。三百多年來，這個島的居民天生是聾子的比例特別高，原因是遺傳性的聽覺障礙。

這個島的特徵，是社會面對這個遺傳發生狀況的適應方式。歷經三百多年，葡萄園島上一般有正常聽覺的人也使用手語交談。島上多數小孩即使耳朵聽得見，使用手語的純熟度也和母語相同，以英語和手語的雙語教育長大。

根據諾拉·格羅斯（Nora Groce）《以手語交談的小島》（*Everyone Here Spoke Sign Language*）所寫，十九世紀全美國聽覺正常者和先天聽覺障礙者的比例，約為六千人中占一人，但這個島的聽覺障礙比例高達約一百五十人中就有一人是聽障者。與外界隔離情況嚴重的奇爾馬克小鎮，甚至每二十五人當中就有一人是聽障者。結果是，奇爾馬克小鎮不會手語的人只占極少數。

一起生活的家人中只要出現聽障者，想必就得被迫學手語來溝通吧？假設以此為前提，二十五人當中有一人是聽障者，以手語交談者一定遠高於這個比例吧？而且一旦多數聽力正常者都能了解手語，這就會成為不了解手語者的一大溝通障礙，因為當人們聚集在一起使用手語交談時，不懂手語就無法融入話題。而且，葡萄園島的產業從某個時期開始就以漁業為主，以手語交談的話，船員在海上也能彼此交談。雖然我並不推薦，但是做禮拜或上課時就能用手語交談了。（所以牧師或教師才反對手語教育？）

妨礙聽障者參與社會的，並不是聽不見的物理障礙，而是與周圍的人溝通受阻的語言屏障之社會障礙。這就像不會說英語的人參加美國人的派對，或是不會說日文的小孩去上日本幼稚園。

這個現象並不僅限於手語還是口說的問題。先進國家加拿大在一九九〇年代也在語言相關議題發生很大的問題。一九九五年十月三十日，魁北克省舉行是否要從加拿大獨立的公投。投票率高達九三%，結果是「反對獨立為五〇・五六%，贊成為四九・四四%」的激烈對決。

加拿大人口大約三千萬人，其中英語系約占六〇%，握有經濟大權。另一方面，魁北克省人口則超過七百萬。其中法語系人口占八二%，遠超過只占九%的英語系人口，當時主導魁北克獨立的布薩（Lucien Bouchard，後來成為魁北克第27任省長），主張留在加拿大只會淪為二等公民，過半數的法語系公民贊成他的說法。相對的，聯邦派則主張獨立將造成失業問題惡化。

就歷史背景來看，一七五九年英國軍隊攻陷當時仍是法國殖民地的魁北克，可以說是法語系人民苦難的開始。根據馬場伸也《加拿大——二十一世紀的國家》一書，加拿大脫離英國獨立以後，這個狀況仍然持續，法語系人民改善相對地位是在一九六〇年過後。

在缺乏語言、習俗等基礎之下，要建立人際關係非常困難。而且，當缺乏人際關係，要建構經濟關係更是困難重重。採取聯邦制使得魁北克的法語系人民成為少數民族，必須配合多數派的英語系人民的基礎展開經濟活動。要甘於淪為二等市民，不論在心理或經濟上，想必都會存在極大障礙。

波士尼亞與赫塞哥維納、以色列與巴勒斯坦、西班牙與巴斯克地區、撒哈拉以南的非洲各國等數不清的紛爭，也是源於這種民族之間的基礎磨合失敗。

為了建立共通基礎，就一定要付出相應的對價。多數日本人應該都能體會為了學英文等外語，吃了多少苦頭。另外，要捨棄從小習慣的行為基準，學習不自然且非直覺的方法，不但很困難，也會容易有不愉快的感受。科幻小說巨匠、出生於俄羅斯的美籍猶太人作家以撒・艾西莫夫（Isaac Asimov）曾說了以下這段話：

> 我的父母是移民。（中略）因此，我必須靠自己學習美國文化。要向不曾經歷這種經驗的人說明這其中的意義，十分困難。（中略）簡而言之，就文化來

說，我（就像多數的人們一樣）是個孤兒，是一個「講述文化時就漏洞百出」的人。

——《艾西莫夫》（*Yours, Isaac Asimov*）

針對這個問題，我和學生們以賽局理論來分析。更詳細的內容我寫在《習俗與規範的經濟學——賽局理論給我們的啟示》中，這裡先談談其中幾個概要。現在假設我們思考兩個團體——少數民族與多數民族，兩者使用不同的語言、有不同的習俗。這兩個團體被放到同一個社會裡，這時會發生什麼樣的變化呢？如果使用多數民族的語言和習俗，在現實與心理層面上的成本不會太高，少數民族或許自然會去學習他們的語言及習俗。兩個民族之間隨著締結婚姻關係，把多數民族的語言教育融入家庭的比例增加，少數民族就會逐漸被多數民族同化吧？

有關這一點，使用利得表來看看。溝通方面，不論多麼習慣說外語（這裡先假設是英語），在家庭中無論如何都敵不過母語。如果對方也使用母語交談，利

		對方	
		（自己的）母語	英語
自己	（自己的）母語	100	0
	英語	0	X

表 4-5　語言選擇所產生的「個人」利得表

得就高，這裡假設標準值是一百，無法溝通時則假設為零。接著再往下談，假設讓自己的孩子接受英語教育的利得為X，這個數值是介於零和一百之間，越熟悉英語的父母，利得X就越接近一百；幾乎不懂英語的父母，則利得X接近於零。X接近一百的人，遇到以英語交談的溝通中就會選擇英語，X接近零的人假設周圍的人就算多數都講英語，應該還是會講母語吧？（見表4-5）

如果像聽障者的實際執行難度高的情況，或如同猶太人需要克服的心理障礙大，X就會趨近於零，難以同化。有時雖然在實際執行難度接近，在社會層面卻發生隔離現象。不過，看到猶太人團結的樣子，實際上同化的人應該不少。

根據不同狀況，也有可能產生介於中間的狀況，既有對英語教育沒有抵抗的人（X高的人），也有抗拒的人（X低的人），這時候，X高的人開始逐漸朝多數民族同化，而X低的人則越來越形成孤立狀態。對這樣的人而言，社會性的統合反而是一種困擾，就算是意識到多數民族，也可能抱著敵對意識。批判裝置人工電子耳，或是看不起那些改信其他宗教的猶太人等，就是類似這樣的狀況。

「是否同化」，與團體的大小、經濟力，以及和周邊國家往來的頻率相關。歐洲的小國只使用自己國家的語言，在社會與經濟參與上並不是很牢靠，所以學習多國語言有其誘因。在盧森堡、丹麥等國家，人民會三國語言是稀鬆平常的事。相對的，在日本這樣的島國，即使不會其他國家的語言，也能活得好好的，就業機會相較於學習成本也差異不大，因此只會說日文的人相當多。今後，在日本經濟力相對低下的狀況下，人們是否還能只靠日文生存下去？或許必須面對這個迫切問題的日子即將來臨。或許就像艾西莫夫說的，到了那個時候，才能深刻體會到聽障者或是少數民族的立場吧？

第五章

未來篇

1

以「人的科學」為目標

休謨——改變康德與愛因斯坦的重要思想

賽局理論是一門分析社會上人際關係的學問，更進一步說，是分析社會結構的學問。被譽為經濟學之父的蘇格蘭人亞當・斯密（Adam Smith）曾經說了以下這段話：

人類社會這個大棋盤上，每個棋子都有自己的行動原則——完全不同於立法機關可能選用來指導社會的那種行動原則。如果這兩者原則目標一致、行動方向相同，人類社會這盤棋就可以順利和諧地走下去，並且很可能出現歡樂成功的結局。如果這兩種原則彼此抵觸或不一致，這盤棋就會下得很辛苦，而人類社會必然時刻處在高度的混亂之中。

——亞當·斯密《道德情感論》（*The Theory of Moral Sentiments*）

社會是一個賽局，要說賽局理論的起源就在於社會的分析，也不為過。因為人類是由物質組成，即使現階段不可能把人類視作物體分析，但總有一天，無論是人際關係的分析或社會分析都有可能實現。但我反對這個看法。與物質科學相較下，「人的科學」更為根本，賽局理論是以社會的人們作為科學的極致根本學問。而兩百多年以前，就有人主張相同的看法。那就是亞當·斯密的前輩，同樣是蘇格蘭人的大衛·休謨（David Hume）。我很好奇休謨試圖創立的**人的科學**（science of MAN），因為在探尋賽局理論根源時，他是個不可或缺的人物，所以希望各位願意陪我稍微認識他。

☆☆☆

有一種食物叫燕麥片，光看名字就好像很難吃。這是把燕麥磨碎後加入牛奶煮來吃的食物。在英國宿舍的人，如果不是相當堅持健康主義，應該無緣碰上這種食品。十八世紀英格蘭文壇權威的塞繆爾・詹森博士（Samuel Johnson），在他編纂的趣味十足的《詹森字典》（*A Dictionary of the English Language*）中，對燕麥一詞的說明是：「一種穀物。在英格蘭是給馬吃的食物，在蘇格蘭則是給人吃的。」針對他這個嘲諷，蘇格蘭人詹姆士・包斯威爾（James Boswell）則反擊：「原來如此，難怪英格蘭專產名馬，而蘇格蘭則人才濟濟。」

包斯威爾幽默風趣的回答，完全符合十八世紀蘇格蘭的知性社會。十七、十八世紀是啟蒙時代，所謂的啟蒙思想，講白了就是以理性的力量去理解萬事萬物，進而讓社會更好的想法。而其重心從十八世紀的法國移到蘇格蘭，原動力正是大衛・休謨，他讓哲學家康德（Immanuel Kant）「從獨斷論的迷夢中清醒」，休謨對因果論的懷疑，啟發愛因斯坦的相對論誕生，甚至對經濟學之父亞當．斯密造成莫大影響。

休謨在一七一一年誕生於蘇格蘭的愛丁堡。他的父親是律師，在他年幼時就過世了。休謨十二歲就進入大學攻讀法學，但他卻和期望兒子成為律師的母親對立。休謨知道自己想做什麼。他希望就像牛頓創立物質科學般，他要創立人的科學。

在他十五歲後，度過了一段精神不太安定的時期。一七三四年休謨前往法國的拉弗萊舍，法國偉大哲學家笛卡兒（René Descartes）曾在此地就讀，休謨在這裡待了兩年，寫出《人性論》（*A Treatise of Human Nature*）（副題：在精神學科中導入實驗推理法之一探）。《人性論》在一七三九年於倫敦出版。休謨準備了任何讀者可能提出的反對問題，事先準備了反駁回答，然而，這本被後世認為刷新哲學論點的書，當時推出後市場反應卻是一片死寂。

失意的休謨並未因此把失敗歸咎於社會。他反省是否自己太過性急，重新檢視修改《人性論》的內容，在他的餘生應用當中的論點，繼續向世人繼續提問。

休謨在擔任家庭教師或英國駐法使館祕書期間仍持續研究，但他因為神職人員的反對，無法任職大學工作。但他依然秉持溫厚的個性及開朗的性格，沒有失去追求學問的熱情。相對於牛頓的物質科學，他企圖建立的是──「人的科學」才是理論基礎。當時，一般觀點都認為既然人類是物質所組成，物質科學才是人的科學基礎。但休謨的想法則認為，即使說是物質科學，但因為無法超出人的認識框架，所以人的科學才是物質科學的基礎。

> 數學、自然哲學、自然宗教在某個意義上，也是依據人的科學（science of MAN）。這是因為，這些學問被置於人類的認識之下，依人的能力去判斷。（中略）既然如此，和人的本性更密切關聯的科學領域，就不需我再多說了。
>
> ──休謨《人性論》

我們不妨再細細咀嚼他的思維。

☆☆☆

當我們問幼兒：「要吃水果嗎？」結果幼兒搖搖頭指著橘子。笑孩子之前，我們也試著想一下你腦中的「水果」吧！這時候你們能夠想到不是蘋果、也不是〇〇的「水果」嗎？有些人可能會想到橘子，有些人會想到水果拼盤。「水果」並不存在，而是有橘子、有蘋果，然後我們把這些東西統稱為「水果」。

可能有人認為，因為「水果」是抽象概念才會有這個情況。那麼我們就以正要吃的蘋果為例，來想想看吧！幼兒不斷地問：「這是什麼？」因為孩子指著第一次看到的青蘋果，所以就回答：「蘋果。」但幼兒卻說：「才不是！」於是便讓幼兒吃吃看，幼兒吃到酸酸甜甜的味道後，噘著嘴說：「真的是蘋果。」如果沒有嘗到「酸酸甜甜的味道」，就不認為那是「蘋果」。對幼兒來說，「蘋果」

是「酸酸甜甜」、「圓形」、「紅色」的組合。

休謨針對這個問題進行思考，如果把同樣的道理放在「我」也適用。「我感覺」的時候，對於這時的感覺更徹底思考，會得到好吃、很冷等感覺，當「我在思考」的時候，更進一步追究，可能是「休謨創立人的科學」的思考。形成「我」的，並不是獨立存在的感覺或思考，而是組合了這些感覺、思考而形成「我」。

既然是某些感覺、思考形成了「我」，那麼要連結「你」和「我」，就只能靠共通的感覺及情感。另外，如果立場不同，對事物的看法也會不同。可以說是休謨現象論先驅的這個論點，與接下來要介紹的因果關係分析，都是人的科學之根幹。我們就繼續看看他的論點吧！

☆☆☆

人們常說無火不生煙。所謂無風不起浪，事出必有因。任何事都必然有原因才會產生結果。讓火和煙的觀念連結的就是因果關係。我們先思考多數社會問題的原因，找出來以後才能發現解決問題的線索。了解原因，藉由改變原因來讓結果改變。

但是，根據休謨的想法，因果關係並非直接感受到的，觀察火，然後觀察上面的煙，重複累積這些經驗後，「火⇓煙」的因果關係在我們的腦袋生根。

當然，並不一定都是先發生的就叫原因，後發生的就叫結果，每天早上天亮前聽到雞叫的人，要是主張因為雞叫了天才會亮，應該會被大家當作笑柄吧？但是，如果問到相信「火⇓煙」的因果關係，卻不相信「雞叫⇓日出」的因果關係是為什麼呢？人們大概會提出即使雞沒有叫，太陽照樣升起的經驗吧？原因和結果的推論都是從經驗累積而推導出來的，其中並沒有邏輯的必然性。

在休謨之前，「原因⇓結果」的推論和「前提↓結論」時常被人們混淆（為了在兩者之間做區隔，所以使用不同的箭號表示）。從「蘇格拉底是人」和「人都會死」的兩個前提，雖然可以導出結論「蘇格拉底會死」，但是這個「前提↓結論」的邏輯（演繹）推論，只是把一般對人類有關的知識套用到蘇格拉底個人的事例，並沒有帶來任何新知識，相對的，確立「火⇓煙」的新知識，是將個別經驗普遍化，也就是需要歸納。而休謨否定這個邏輯的必然性。

既然我們的知識建立在「這麼做……，就會那樣……」的因果關係基礎上，這個論點就是要懷疑一切知識，這是休謨提出的懷疑論。就連「明天太陽也會和今天一樣升起」的預想，也只不過是「從習慣導出來的想法」。乍看之下，令人覺得只不過是哲學遊戲的這個主張，在推翻「森林永遠都在那裡」經驗事實的現在看來，可以說是綻放嶄新光芒的一句話。

原本休謨就是把這股讓後世哲學家煩惱的懷疑漩渦，反過來做為「人的科學」建構的千斤頂。因為人的固定觀念是透過經驗而持有的，所以要經常抱持懷疑。對於把「神」相對化、批判社會中氾濫之既定觀念的休謨而言，這個懷疑是和人們自以為正確的對決，是必要的。

即使是自然科學，也無法逃脫休謨的束縛。後來愛因斯坦說了，「理論決定了我們能夠觀察到什麼」。因為有理論之名的假說，所以我們才能推論因果關係。在狹義相對論（Special relativity）誕生的背後緣由，正是因為休謨，這裡就引用愛因斯坦親自承認所說的話，來看他和休謨的關係。

只要時間的絕對性或同時性的絕對性這條公理不知不覺地留在潛意識裡，那麼任何想要滿意澄清「光速和同時性有關」這個悖論的嘗試，都注定要失敗。現在任何人都明白這個道理，然而，在當時要先清楚認識這個公理及其恣意性，才是問題解決的本質。而對於發現這個核心部分所必要具備且批判性的考察，是因為我讀了大衛．休謨和馬赫（Ernst Mach）的哲學著作，因而促成了這個決定性的發現。

——愛因斯坦《回顧錄》

十九世紀末到二十世紀初，有個困擾愛因斯坦和其他物理學家的問題。那就是光速與同時性的問題。

首先請先試想，關上窗戶，以固定速度行駛的列車，有兩個棒球投手分別站在列車兩端，他們面對列車正中央的目標，以完全相同的速度，而且同時丟出棒球，這時候，哪一個投手丟出的棒球會先丟中目標呢？答案是同時，而且對於在列車中的觀察者而言，棒球的速度看起來相同。

接下來想一想在鐵軌旁觀察的人，朝往列車行進方向丟出的球，看起來速度超級快，但相對的，與行進方向相反所丟出的球，看起來卻移動得很慢，換句話說，球速因為觀察者所在位置不同，而看起來有不同的感受。

接著，把球換成光（請把鐵軌想像成銀河鐵道），這時情況改變了。不論觀察者是否移動，光都會以一定速度進入視線，對於在車內的觀察者而言，本質上和丟球的情況並沒有任何改變的點，同時發射的光同時到達目標。問題在於，站在（銀河）鐵道旁的觀察者，對這個觀察者而言，往行進方向的光和反方向的光

等距離
等速度
同時丟中
列車裡
行進方向
站在鐵路旁的觀察者看到的球速並不相同。
因為和列車行進方向相反，所以看起來很慢。
因為列車在行進，所以看起來更快。
看起來目標似乎在前進。
從外面看，也是同時丟中。
在裡面看也是。

把球換成光之後
列車裡
同時發射
光
光
同時發射的部分是相同的。
銀河鐵道
列車外的觀察者看到的，是這個樣子。
較慢發射
光
較早發射
光
兩邊的光速其實相同。
面對行進方向的光看起來好像先發射。
光
光
喔！
啊！
從外面看或從裡面看，都是同時到達。

看起來速度都相同，但是因為列車持續前進，所以朝行進方向的光和反方向的光相較之下，到達目標必定要前進更長的距離，因此，「往反方向的光」照理說應該比「與行進方向相同的光」更快到達目標才對，這裡就產生了「矛盾」。

以休謨的思維方式來思考，這件事並沒有矛盾，空間觀念和時間觀念之間，並沒有絕對的差異。就像球速對觀察者而言並不相同，光被發射的時間對觀察者而言也不一樣。觀察是在光進入視線時所產生。愛因斯坦從休謨的思考學到了觀察事實的相對性——尤其是時間的相對性。車內的人觀察到「兩束光線同時發射，同時射中」時，車外的人則觀察到「朝行進方向前進的光先發射，然後同時射中」，因此就解決了矛盾。這正是「人的科學」回饋給物質科學的瞬間。

2

人際關係賽局

從賽局分析多數人眼中的「真相」

小時候我經常轉學。為了避免因為轉學而被霸凌，我一開始就會表現得很乖巧。有一次在我去的新學校，班上有個被排擠的女生。我對她的印象是不愛說話、不太顯眼的人，但她為什麼被排擠，剛轉學過去的我並不清楚，也有其他的孩子說：「因為她是怪胎嘛！」我習慣了那裡的環境後，也開始和周圍的小孩打成一片，所以並沒有很在意那個女生的事。

有一次，那個女生把我的文具玩壞了，我和另一個孩子王要求她賠償。女生只是一直沉默著。就在我幾乎快忘了這件事時，那個女生趁著其他小孩都不在，跑來跟我說：「你來我家，我給你貼紙。」簡短說完約定後，就一溜煙地跑掉了。當時很流行收集一種貼紙，只要變換角度，貼紙圖案就會改變，我心裡想著為什麼不拿來學校給我就好了，對於「要她賠給我」的決定也很快就後悔了。

下課後前往那個女生家裡時，我的心情很沉重。她家的房子是以前常見的國宅，有如那種江戶時期百姓居住的長屋（雖說我家也是類似的房子）。到了她家後，她秀出了貼紙給我看，並對我說：「這很漂亮對吧？你要哪一張？」她喋喋不休起來，我反而沉默了。我完全無法平靜，直接收下她拿給我的貼紙，彷彿逃走般地離開她家。

隔天那個女生再度恢復平日沉默的樣子，她沒找我攀談，我也沒有主動想找她講話。那個女生是個怪胎吧？其他的人也都說她是怪胎。我的心中就抱著這樣的想法打轉，後來我又轉學了。

☆☆☆

一再轉學的經驗當中，我學到一件事。那就是，原本學校裡的孩子對於自己的做法視為理所當然，那些孩子很容易認為他們對事物的看法，走到哪裡都行得通。團體的力量很嚇人，不論去什麼地方，都有屬於那個地方的做法，並且否定其他做法。我還記得在某個學校時，那裡的學生都會在彼此的名字後面加上「同學」、「君」，當我想都沒想直接喊同學的名字時，就被罵了，真是悲慘的回憶。所謂入鄉隨俗，就是這麼回事吧。

社會若是一場賽局，孩子們就是從自己有限的經驗中，創造出兒童社會這個賽局。再也沒有比無法加入這個賽局更痛苦的事了。每一次轉學，我總是很害怕被排擠。

在人群中的孤獨比一個人神遊宇宙更難受，而且要是袒護被排擠的孩子，就輪到袒護者被排擠。有些人被排擠就是因為如此。

假設有A、B、C、D四個小孩，A、B、C形成一個小團體，而D被排擠。這個狀態以奈許均衡來說，出乎意料是屬於穩定的。現在假設C不希望有排擠的狀況，所以他和D一起玩，如此一來，C就可能遭到排擠。最糟的狀況是連D都離開C，變成A、B、D的小團體，如果無法否定這個可能性，C在與A或B交惡以前，大概不會去袒護D吧？小孩子的殘酷其實很合理。

話雖如此，為什麼D會被排擠呢？那是因為A、B、C三人聯合排擠D的緣故。那麼，為什麼是排擠D呢？其中並沒有決定性的理由，硬要說的話，就是「其他的小孩也會排擠其他人」。然後，排擠別人的小孩為了合理化排擠行為，必須硬說出一個排擠的理由。一旦被排擠，當事者變得不愛講話也是理所當然的，結果其他人卻在事後才編出「不講話」、「很土」等理由合理化排擠行為。這些原本為了合理化行為而捏造的理由，卻在不知不覺中變成事實。很多時候在人際關係中，「真相」是大家的意見創造出來的。

這一點可以運用賽局理論的結構來進一步分析。為了讓重點更明確，只考慮四個小孩配對遊戲的狀況。另外，假設小孩子除了名字不同，沒有其他（實質）差異。遊戲皆是兩人進行，有時候平均兩兩配對，配對後，兩人再決定要不要和

		對方	
		玩	不玩
自己	玩	1, 1	0, 0
	不玩	0, 0	0, 0

表 5-1　孩子配對遊戲的賽局

配對的對象玩，雙方都決定「玩」的情況，實際上才能玩。假設配對只玩一次，而且不在意其他的事，小孩們都玩得開心。表5-1就是呈現這個狀況的賽局分析。然後，思考一下這個賽局每天重複的狀況（更大的賽局）。

這個賽局最理想的狀態是，不論哪一種配對，彼此都同意「要玩」的狀態。在這個狀態下，任何人都不會主動說出「不玩」，這樣就會達到均衡。

不過，其他還有不同形式的均衡。這裡想舉出的是，排擠也會演變成一種均衡。現在假設A和B、A和C，以及B和C的配對，彼此都會選擇「玩」。而和D形成配對時，A、B、C都選擇「不玩」，而且只要和D「玩」，下一次這個玩家就變成「排擠對象」。例如A和D「玩」，B、C、D彼此配對時就可以選擇「玩」，和A配對則選擇「不玩」。在這種情況下，還會有人選擇和D玩嗎？答案是否定的。在這個情況下，D被排擠的狀況會一直持續下去。

接著，想想看累積了這種經驗的孩子們，會如何解讀這樣的狀況呢？要持續以排擠來霸凌他人，實際上並不必要排擠和D玩的小孩。重要在於，孩子擔心一旦和D玩會使自己被排擠。看到被霸凌的對象不規則的改變，孩子們即使不積極加入霸凌，也會形成這類的理由，對於和D一起玩產生猶豫。

也許有孩子為了理解這個狀況，而建立不同的賽局模式。尤其是考慮到個人立場會影響團體中地位排序的人，或許會認為「要是沒有戰鬥精神，這一生不論去哪裡都會被霸凌。」（引自石原慎太郎）。符合上述的排擠均衡時，就會變成D本身也有問題所以被排擠。這並不是只有排擠D的A、B、C這麼想，連自己也會採取這樣的觀點。比方說，假設A、B、C三個人和D的膚色稍微有點差異，這就會成為D被排擠的理由。事實上，個體之間本來就一定會有差異。真要找理由多的是。

差異被用來作為排擠的理由，其中未必有邏輯的必然性或因果關係。聽到有人因為智能障礙而遭到排擠或霸凌的事情時，如果以前面的論點來看，應該就能了解我們把智能障礙當「原因」，而把排擠或霸凌當「結果」的結論，很可能是基於我們錯誤的觀點。讓我們視為因果關係的，是「我們的經驗」以及「輕易以過去經驗去解釋事件」而產生的結果。

要使霸凌消失，人們必須理解從中不會得到任何利益，只要改變想法，就知道毫無根據。霸凌問題不是只有被霸凌者與霸凌者的看法扭曲而產生的結論。只要大家都能了解這一點，應當就能發現得以改變的答案吧？

3

賽局之眼的終極目標

所謂的理論是「事物的觀點」

西方理性主義與東方精神主義。明治維新時期也有「和魂洋才」（鼓勵日本國民學習西方科技文明的同時，也保有日本傳統文化）之說，東西兩方的思維性質被視為具相異性。精神力再怎麼強韌，也不可能以竹槍擊落二次大戰期間的B－29轟炸機，但或許還能應對無聊的霸凌。多數人際關係，都是重視對方的想法，也可以說正因為有精神力，所以才能有辦法活在這個世界上。希臘哲學可以說是西方理性主義的源流，實際上也有和東方精神主義相近之處，兩者之間在哪些地方相近、哪些地方較遠，不是一朝一夕就能解說清楚，不過，我們不妨先就希臘哲學家柏拉圖（Plato）和佛陀各自在人的科學之立場比較看看。

在柏拉圖《理想國》（*Res Publica*）第七卷當中，提到一生下來就被囚禁在洞窟的人。就如同柏拉圖其他著作一樣，這個故事藉蘇格拉底（Socrates）和其他人之間的對話來進行——這一篇談話對象是柏拉圖的哥哥格勞孔（G laukon），故事大意如下。

有幾個囚徒生下來就一直在洞窟裡，他們被鎖鏈綁在一起，頭頸和腿腳都綁著，不能走路也不能轉頭，只能向前看著洞窟內部的牆壁，洞窟外有一條路，人們或拉著貨物的動物來來往往。他們背後遠處高些的地方有東西燃燒著發出火光，照著通過洞窟外的人們，他們的影子落在洞窟內的牆面上，囚徒們看著這些影子的移動而長大。

話說到這裡，蘇格拉底問格勞孔，這些生來就只看著影子長大的囚徒，會不會把我們稱為「影子」的東西認為是實體呢？格勞孔附和著說應該是吧。於是蘇格拉底說，既然這樣，他們之中被認為有智慧、受到尊敬的人，可能是那些較能準確預測到接下來會出現什麼「影子」、「影子」會做什麼動作的人。

接著，囚徒當中有一人的鎖鏈被解開，他可以前往有火光處，一開始應該會覺得很刺眼、什麼也看不清吧？但是，隨著時間的經過，眼睛漸漸適應後，他開始看到以往不曾見過的事物，如果他能理解眼前發生了什麼樣的事情，或許他就會發現過去自己所看到的並非實體。於是，回想以前的狀況，對這個變化感覺幸福而開心，因而憐憫洞窟裡的囚徒。

當他還在洞窟裡時，囚徒們彼此互贈各種名譽或獎賞，尤其是能夠敏銳觀察通過的人影、記憶最多模式、並且根據這些模式推斷接下來會通過的影子者，能夠獲得最高的榮譽。那麼，這個被釋放的人，他現在還會想要那樣的榮譽、羨慕那些接受榮譽的人嗎？

而且，如果他回到那些被鎖鏈綁著的同伴身邊，把他的發現告訴他們，他的同伴會有什麼反應呢？首先，應該沒人會相信他說的話，搞不好還有人認為他看到奇怪的東西，所以發瘋了。

一出生就被用鎖鏈鎖在洞窟內的囚徒，他們連頭也被固定住，只能看到洞窟裡的牆壁。
外面的世界
驢子
大叔
洞窟的世界
那個大明星來了耶！
阿健也在那裡。
我不在那裡…

我們每天其實都在面對這樣的問題，商業人士與經濟學者之間的關係，就像「彼此綁在一起的囚徒」和「看到火光的囚徒」。例如，想一想股價分析吧。分析股票走勢圖，就像預測下個通過影像是什麼的囚徒般，走勢圖分析要是真的有效，大家都使用一樣的方法，結果股價就會立刻因為所有人的期待而必須修正，這樣一想，就知道走勢圖分析從理論上來說，並沒有意義，經濟學者要把這個道理向商業人士解說時，心情大概就像看見火光的囚徒吧？經濟學者感嘆商業人士無心面對真理，而商業人士則瞧不起經濟學，認為經濟學對預測或致富毫無用武之地吧？

☆☆☆

蘇格拉底在希臘向弟子闡述真理之際，釋迦牟尼正在印度說法。以下介紹原始佛典《法句經》的現代譯文。

心是諸（名）法的前導者，

心是主，

諸（名）法唯心造。

——原始佛典《法句經》

佛教中有句「一水四見」的名言，人類眼中看來是水，餓鬼眼中則是膿血之河，魚的眼中看來是居所，天上人看來是琉璃寶地。這是大乘佛教的唯識論所使用的比喻，說明境遇、觀點的不同，對「水」的詮釋就不同，甚至連水的存在可能都會產生懷疑。這個說法要追溯到被視作菩薩的彌勒佛。

綜合前述，這兩個人要告訴我們的是：我們現在所看到的事物，所理解的方法是假設的，只要一改變看法，看起來就是不同的事物。

另一方面，兩人所使用的比喻方式有很大的差異，洞窟的比喻是提出「外在實體」的存在論點，可以感受到在某個地方存在著真實的信念。相對的，一水四見的比喻，則是刻意說「人看起來是水的東西」，並沒有提及「水」是不是實體。

而且，從《法句經》可以得知佛教的觀念為「宇宙是存乎一心」，而西方哲學不論是笛卡兒的「我思故我在」，或是否定這點的休謨所說「自我只不過是一簇知覺」，最後終歸會到達某個實體。相對的，唯識論則是超過兩千年主張連心都不是實體，主張「色即是空」。

起源於西方理性主義的賽局理論，也是建立在把「賽局」視為實體的基礎，有客觀的賽局，焦點在於當中的玩家如何行動。

相對的，我們採用歸納論性質的賽局理論，是把人們從經驗中如何進行「賽局」為焦點，所創造的賽局是心中的小宇宙。就這一點來說，我們的宇宙觀和佛教更具親和性。

哲學常以「杯子」為例來闡述存在的概念，因為這樣很無趣，所以我們以其他與人更相關的例子來看吧。日文中有「自立」一詞，所謂的自立，是心中有一個要求自我「應該獨立自主」的規範，也許有人會認為「要搭電車、但沒有別人協助就無法上車的人」、「一個人無法去公司的人」，就是無法自立的人。但是想想看，單憑一個人就可以到公司的人幾乎不存在。出門搭電車，如果沒人為你駕駛，你就去不了。或許有人會說自己是騎腳踏車通勤，但要是公司派你去國外出差，總沒有人會游泳去吧？話說回來，幾乎所有的上班族都是如此，如果沒有同事、主管、部下，一個人就做不了工作。即使你是自行創業，也需要有顧客才能賣出商品。吃飯也是一樣，手腳無法自由行動的人，一定要靠別人餵食才能吃到飯，但如果沒有農家栽種青菜，我們同樣吃不了飯，每個人都是依賴別人才能自立存在。

人無法靠自己一個人活下去。家人、朋友、情侶、同事、交易對象等，我們必須在眾多的人際關係中活下去，除非像魯賓遜那樣一個人生活在南海的孤島上，否則即使是在家一個人生活的繭居族，也必定會以某種形式與他人有連結。不對，應該說，就算是魯賓遜過去也曾經和許多人有關聯，才能在孤島上一個人活下去。

彼此依賴的這個社會，你可以批判它是相互串通謀利，但換個觀點，你也可以說它是彼此互相扶持的社會，世界觀就能改變。不論是身心健康或有障礙的人、不論有無父母、不論是本國人或外國人，都能相互支持合作活下去，賽局理論對於建構這個思維的社會能夠發揮很大的幫助。

只要賽局理論是一門能解讀人際關係的學問，我們就無法逃離如何理解世界的問題。也許有朝一日，會出現奠基於東方思想的賽局理論。但重點不在於賽局究竟是東方或西方的產物，而是視點的轉移，所謂的理論是「事物的觀點」。過去詩人海因里希．海涅（Heinrich Heine）曾把當時的革命家羅伯斯比爾（Maximilien de Robespierre）和哲學家盧梭（Rousseau）、康德加以比較，他說：「羅伯斯比爾不過是盧梭的助手」，又說：「羅伯斯比爾的天秤盤裡放了一個國王，康德的天秤盤裡則放了一個上帝……」〔引自《論德國宗教和哲學的歷史》（*Zur Geschichte der Religion und Philosophie in Deutschland*）〕。理論改變世界的力量遠勝過政治與革命，人類建構理論的能力，才是人類與其他動物的區別。我們必須學習、建立的是奠基於彼此互相扶持，扎根於人與人相互連結下的賽局理論。

後記　賽局理論最重要的價值

福島縣立相馬高中的人來找我時，是在二〇〇九年秋天時，他們想運用賽局理論來思考社會、經濟問題——挑戰這個對高中生而言有點困難的問題，而他們讓我看到了這個成果。

他們的發表內容很有豎耳一聽的價值，讓我切身感受到，只要是有幹勁的高中生，加以適當指導，也可以展現出色的成果。再加上相馬高中的松村茂郎老師興致勃勃指導的模樣也令人感動。發表後的感言時間，他們興奮激動的情緒似乎也感染了我，讓我想寫一本能夠讓高中生也能產生興奮感的書。

過沒多久，Chikuma Primer新書的編輯四條詠子寄來一本她負責編輯的書籍。那是友人小島寬之所寫，公認明白易懂又有趣的數學書籍。我好久不曾感覺如此興奮，讀了她寄給我的書後，我接著寫好原稿了。原稿由四條小姐和剛進出版社不久的田所健太郎，再加上我的研討班學生武內香奈枝、岡本龍、國井志朗，以及相馬高中的學生們，請他們過目書稿，尤其是武內和國井兩位同學，在每個章節都仔細寫下他們的看法，我根據這些意見，再把大家認為不怎麼有趣的章節刪除、重寫。

一本書從創作到送達讀者手上的過程，其中關聯許許多多不同的人，出版社、印刷廠、陳列在書店的工作人員等等，數也數不清。其中有好幾個人應當被稱為「作者」，除了四條編輯，還有充分傳達興奮感的插畫家川口澄子，聽說少女時代熱衷科學的她，本著有如關西的吉本搞笑藝人精神，費心把我的說明以插畫表現出來。

本書是透過這麼多人的手上而誕生（但不用說，一切責任當然都在我身上），希望大學生、社會人士，以及學校老師也都能一讀。尤其是學校老師若是能開心地閱讀，更是我的榮幸。同時也希望教老師能把閱讀時的喜悅散播給學生。我之所以致力於研究，是因為恩師奧野正寬，以及在大學津津樂道新研究內容的師長及前輩。如果自己不覺得有趣，要讓學生感受到樂趣是很困難的。就像相馬高中的老師把他們的興奮感染給我一般，我也希望能把這樣的喜悅帶給大家。學習應該是快樂地投入其中，才能有更大的成長，因此，老師要能咀嚼出其中樂趣，才能把喜悅帶給學生。

雖然我是帶著這樣的心情寫下本書，但這樣的想法一定也有不周到的部分。不過就算只有一小節內容能讓你覺得有收穫，我仍然感到十分榮幸。

想把感受到的喜悅傳達出去，是因為重視對方。有一天和家人喝茶休息時，我喃喃地說：

「真幸福！」

「我也很幸福。」結果我女兒真禮跟著說。

「妳知道什麼是幸福嗎？」我問她。

「就是為別人著想。」她點點頭回答。

我難以形容當時內心那股溫暖的感受，「為別人著想」的心情不論是在商場、競爭、戀愛、養兒育女，都是與他人相處時必要的。

我在序章最後曾說過，學習賽局理論的第一個原則，當你置身賽局中，在作為賽局玩家的情況下，培養從客觀角度綜觀全局的能力。不過，若是人生的目的是追求幸福，運用賽局時的第一個原則，說是為他人設想其實也不為過。

寫作本書時，第三章第一節的「狐狸的手套」，是我讀繪本給女兒聽時所想到的，第五章第一節的「以人的科學為目標」則是因為和她的對話而想到「青蘋果」的例子。期待她能在十年後閱讀本書，以此畫下本書句點。

二〇一〇年冬　狐狸居住的森林

松井彰彥

◎給想要更了解賽局理論的人

想要更進一步了解賽局理論的人，或許可以參考《以賽局理論找出解答》（中山幹夫、武藤滋夫、船木由喜彥編，有斐閣，二〇〇〇年）。如果希望能運用在經濟學上，可以參考大學教科書程度的《個體經濟學——策略性的接觸》（梶井厚志、松井彰彥著，日本評論社，二〇〇〇年）。有關賽局理論起源的思想，則建議參考《賽局論與經濟行為》（*Theory of Games and Economic Behavior*）的第二章。如果基於好奇不畏挑戰，想看看研究所等級書籍的人，推薦《賽局理論》（岡田章，有斐閣，一九九六年）。

◎參考資料

●《気象学のみかた》（Aera mook，朝日新聞出版，一九九六年）
●《不願面對的真相》（Al Gore, *An Inconvenient Truth*）
●《道德情感論》（Adam Smith, *The Theory of Moral Sentiments*）
●《応用ミクロ経済学》（伊藤元重&西村和雄，東京大學出版會，一九八九年）
●《社会心理学ショート・ショート—実験でとく心の謎》（岡本浩一，新曜社，一九八六年）
●《以手語交談的小島》（Nora Groce, *Everyone Here Spoke Sign Language*）
●《三國志》

● 《買手套》（新美南吉，偕成社，一九八八年）
● 《一千年的志氣：不被淘汰的企業競爭力》（野村進，角川出版集團，二〇〇六年）
● 《論德國宗教和哲學的歷史》（Heinrich Heine, *Zur Geschichte der Religion und Philosophie in Deutschland*）
● 《叛離、抗議與忠誠》（Albert Otto Hirschman, *Exit, Voice and Loyalty*）
● 《カナダ—二十一世紀の国家》（馬場伸也，中公新書，一九八九年）
● 《AIR DO—ゼロから挑んだ航空会社》（浜田輝男，WAVE出版，一九九九年）
● 《人性論》（David Hume, *A Treatise of Human Nature*）
● 《ブッダの語る覚醒への光の道—原始仏典「ダンマパダ」現代語全訳》（Byrom Thomas，三雅，二〇〇六年）
● 《理想國》（Plato, *Republic*）
● 《希臘羅馬名人傳》（Plutarch, *The Lives of the Noble Grecians and Romans*）
● 《慣習と規範の経済学—ゲーム理論からのメッセージ》（松井彰彦，東洋經濟新報社、二〇〇二年）

●《障害を問い直す》（松井彰彥，東洋經濟新報社、二〇一一年）
●《明治大正史　世相篇》（柳田國男，講談社學術文庫，一九九三年）
●《恋愛遺伝子》（山元大輔，光文社，二〇〇一年）
●《三國志》（吉川英治，講談社歷史時代文庫、一九八九年）
●《風土》（和辻哲郎，岩波文庫、一九七九年）
● Isaac Asimov,*Yours, Isaac Asimov A Life in Letters*, 1996
● Albert Einstein,*Autobiographical Notes*,P.A.Schilpp,tr. And ed. La Salle and Chicago:Open Court,1979

看穿對手底牌的賽局之眼

思辨與判斷力的再進化！東大權威經濟學教授教你突破思考盲點，用賽局理論識讀人生、贏得競爭

高校生からのゲーム理論

作　　者　松井彰彥
插　　畫　川口澄子
譯　　者　卓惠娟
主　　編　郭峰吾

總 編 輯　李映慧
執 行 長　陳旭華（ymal@ms14.hinet.net）

社　　長　郭重興
發行人兼出版總監　曾大福
出　　版　大牌出版
發　　行　遠足文化事業股份有限公司
地　　址　23141 新北市新店區民權路108-2號9樓
電　　話　+886-2-2218-1417
傳　　真　+886-2-8667-1851

印務經理　黃禮賢
封面設計　陳文德
排　　版　藍天圖物宣字社
印　　製　成陽印刷股份有限公司
法律顧問　華洋法律事務所　蘇文生律師
（本書僅代表作者言論，不代表本公司／出版集團之立場與意見）

定　　價　360元
初　　版　2019年09月
二　　版　2020年11月

國家圖書館出版品預行編目（CIP）資料

看穿對手底牌的賽局之眼：思辨與判斷力的再進化！東大權威經濟學教授教你突破思考盲點，用賽局理論識讀人生、贏得競爭／松井彰彥作；卓惠娟 譯. -- 初版. -- 新北市：大牌，遠足文化出版，2020.11
面；　公分
譯自：高校生からのゲーム理論
ISBN 978-986-5511-46-3（平裝）
1. 經濟學　2. 博奕論

550　　109016241